DELIUS KLASING

RICHARD LÖWENHERZ

EIS ABENTEUER EINSAMKEIT

MIT DEM FAHRRAD IN DIE SIBIRISCHE ARKTIS

DELIUS KLASING VERLAG

SURLY Nate
27 tpi

	PROLOG	8
1	VORBEREITUNGEN IN JAKUTSK	14
2	ABZWEIG INS UNGEWISSE	26
3	EISGEBADET NACH TOPOLINOE	46
4	OFFROAD DURCHS GEBIRGE	60
5	MIT WODKA IM BLUT	76
6	BATAGAJ - DER SPION, DER IN DIE KÄLTE GING	88
7	UNTER NORDLICHTERN NACH UST'-KUJGA	100
8	SCHNEEVERWEHT INS NIRGENDWO	118
9	ÜBER DEN ARKTISCHEN OZEAN	134
10	FINALE IN TIKSI	150
	DANKSAGUNG / ANHANG	158

PROLOG

Es ist der 8. April 2017, Tag 35, bisher zurückgelegte Kilometer: 1.550. Mit zusammengekniffenen Augen starre ich in eine blendende Leere. Nichts lenkt ab, nichts scheint bedeutsam. Selten im Leben war ich so konzentriert, so fokussiert. Ich fühle meinen Herzschlag, meinen Puls, wie mir das warme Blut die kalten Wangen hinaufsteigt. Ein frostiger Lufthauch überstreicht sie. Ich ziehe meine Gesichtsmaske ein Stück höher. Es ist zwar schon April, doch der Winter ist noch längst nicht vorbei. Ich bin in Sibirien, draußen in den menschenleeren Weiten der arktischen Tundra, weit nördlich des Polarkreises. Das letzte Dorf liegt vier Tagesetappen hinter mir. Wann werde ich das nächste erreichen? Ich weiß es nicht. Zu groß sind die Unwägbarkeiten, ich muss sie nehmen, wie sie kommen. Klagen bringt nichts. Die Einsamkeit schenkt mir Klarheit. Hier draußen zählt nur die Tat. Und so trete ich

Fahrspur über den gefrorenen Arktischen Ozean.

Ein Schild kennzeichnet den Übergang vom Festland zum Meer.

wieder in die Pedale, setze mein schwer bepacktes Rad in Bewegung, hinter mir einen Schlitten ziehend, und fahre mit nüchternem Blick der tiefstehenden Sonne entgegen. Es gibt nur einen Weg, und der führt nach vorn. Meine Sehnsüchte haben mich hierhergeführt, und sie werden mich auch weiter tragen.

Seit fünf Tagen schon folge ich dem Fluss Omoloj seiner Mündung entgegen. Straßen gibt es hier keine, der gefrorene Flusslauf gibt die Richtung vor. Ich fahre direkt auf seinem Eispanzer. Eine freigeschobene Schneise im Schnee weist mir den Weg. Seit Stunden sehe ich nichts als Schnee und blauen Himmel – keine Anzeichen mehr von Land. Lediglich ein paar versprengte, weit entfernte Fischerhütten deuten darauf hin, dass es hier noch irgendwo festen Grund geben muss. In der Monotonie der polaren Landschaft schärft sich mein Blick zunehmend für kleine Details. Am Horizont bemerke ich eigenwillige Eisberge, die ihre Form und Größe verändern und dann plötzlich anfangen zu schweben. Werde ich langsam verrückt? Nein – es ist eine Fata Morgana, eine Luftspiegelung entfernter Hügelketten.

Bei Sonnenuntergang treffe ich auf das Räumfahrzeug, das mich erst gestern, nach mehreren Tagen des Offroad-Radelns, überholt hatte. Es hat zunehmend Mühe, sich durch die harte Schneekruste zu stemmen, und ist nun langsamer als ein Radfahrer im Schnee daneben. Ich umgehe das ratternde Ungetüm und folge der Spur eines Lastwagens, die einzig verbleibende Leitlinie in dieser sonst orientierungslosen Weite. Genau an dieser Stelle entdecke ich ein unscheinbares Holzschild im Schnee. Es ist, als hätte sich jemand einen Scherz erlaubt, als ich die kyrillischen Buchstaben entziffere: *Море Лаптевых* steht für Laptewsee. Ich bin am Arktischen Ozean angekommen, und das, ohne es zu merken! Denn ob Tundra oder gefrorenes Meer, hier ist alles mit derselben Schneedecke überzogen, ohne erkennbaren Übergang. Voller Faszination, aber auch mit einer gehörigen Portion Ehrfurcht begebe ich mich hinaus in ein weißes, konturloses Nichts. Lediglich einer Fahrspur folgend, die jederzeit wieder verweht werden könnte. Etwa 220 Kilometer sind es noch bis zur Polarhafenstadt Tiksi – 220 Kilometer über den gefrorenen Ozean – durch die schutzlose Einöde der Arktis. Eine Woche noch, schätze ich, vielleicht aber auch zwei, je nachdem, wie sich Wetter und Piste geben.

Dann erscheint ein schwarzer Punkt am Horizont. Er bewegt sich, wird größer, kommt näher: ein Lastwagen! Er kommt mir direkt vom Meer entgegen. Der erste heute, beziehungsweise der erste überhaupt aus dieser Richtung – ein gutes Zeichen. Ich wuchte mein 100 Kilogramm schweres Gespann aus der Spur, um das Fahrzeug passieren zu lassen. Natürlich stoppen die zwei Trucker und staunen über den Radfahrer, der auf sie wie ein Außerirdischer wirken muss. Und doch wissen sie schon von mir, der Buschfunk funktioniert auch hier draußen prächtig, und so begrüßt mich Nikolaj, der als Erster aus dem Fahrzeug steigt, scherzhaft mit den deutschen Worten: »Hände hoch!« Ich … hebe als Antwort einfach nur die Hände hoch. Gelächter. Kurz darauf sitze ich bei ihm und seinem Kollegen im Fahrzeug und schlürfe heißen Tee. Nikolaj steht voller Begeisterung hinter meiner Idee, mit dem Rad nach Tiksi zu fahren. »*Molodets*« – »Prachtkerl« – höre ich immer wieder aus seinem Mund. Sein Kollege jedoch scheint mich für bescheuert zu halten, bleibt er doch die ganze Zeit todernst und führt im Verlauf unserer Unterhaltung ein paar Mal symbolisch den Zeigefinger zum Kopf …

In der überhitzten Fahrerkabine wird mir schnell unwohl. Nach und nach reiße ich mir alle Jacken vom Leib und merke, wie sich mein Körper an dieses mittlerweile

Insel der Wärme:
Begegnung in endloser Schneewüste.

Stimmungsvolle Nacht auf dem Meereis.

komplett ungewohnte Klima anzupassen versucht. Ich weiß, dass es nicht allzu lange dauert, bis sich meine innere Heizung abstellt. Falls das passieren sollte, werde ich jämmerlich frieren, sobald ich wieder draußen der Kälte ausgesetzt bin. Nach einer halben Stunde erkläre ich ihnen, dass ich weitermuss. Zum Abschied drücken sie mir noch einen aufgeschnittenen Apfel in die Hand, dann krachen die Fahrertüren zu, der Motor dreht auf, ein letztes Hupen, und schon machen sie sich wieder davon. Solch herzliche Begegnungen sind hier draußen etwas ganz Besonderes, Inseln der Wärme in einem Land voller Kälte. Gedankenversunken schaue ich ihnen noch lange nach, bis das letzte Motorengeräusch von der arktischen Stille verschluckt wird.

Umgeben vom Dämmerlicht des Abends, stehe ich nun wieder allein in dieser endlosen Schneewüste. Die Lufttemperatur ist inzwischen auf –25 °C abgesackt. Ich komme mir vor wie ausgesetzt, doch ich bin freiwillig hier. Ein überwältigendes Gefühl überkommt mich im Bewusstsein, den ganzen langen Weg hierher selbst erkämpft zu haben. Es wäre nicht das Gleiche, hätte ich mich mit einem der Fahrzeuge mitnehmen lassen. Ich fühle mich inzwischen eins mit dieser eiserstarrten Welt. Würde sie nicht wollen, dass ich hier bin, hätte sie mich gar nicht erst so weit kommen lassen. Eine starke Zuversicht entwächst diesem Gedanken und lässt mich trotz aller noch bevorstehenden Unwägbarkeiten positiv nach vorn schauen.

Da es schon spät ist, gehe ich mit meinem Rad nur noch ein kleines Stück. Etwas abseits der Fahrspur stelle ich gegen 11 Uhr abends mein Zelt auf, verankere es windsicher im harten Schnee und koche mir meine obligatorische Nudelsuppe. Laut Karte müsste ich mich jetzt vor dem Kap Uon-Pastach befinden. Zu erkennen ist davon nichts, keinerlei Konturen deuten auf die Küstenlinie hin. Alles um mich herum sieht gleich aus. Der Ostwind hat etwas angezogen und lässt gelegentlich die Zeltwand flattern. Ansonsten bin ich von Totenstille umringt, die nur durch das Fauchen des Kochers und das Knirschen meiner Schritte durchbrochen wird. Am Südhimmel prangt der Vollmond, er wirft ein mystisches Licht über die surreal anmutende Szenerie. Dann flammt ein Polarlicht auf, züngelt in grünen Bögen und Vorhängen über das kalte Firmament, während im Norden die Mitternachtsdämmerung den Beginn der Weißen Nächte ankündigt. Ich genieße das Privileg, hier zu sein, diese friedliche Stimmung in arktischer Schönheit so intensiv erleben zu können.

Doch die friedliche Stimmung trügt, ein Wetterumschwung deutet sich an.

1

VORBEREITUNGEN IN JAKUTSK

Flughafen Berlin-Schönefeld. Eine Traube von Polizisten umringt mich. Man verdächtigt mich, Sprengstoff dabeizuhaben. Ein routinemäßiger Abstrich an meinem Fahrrad hat das ergeben. »Hey, Leute, ich will euch ja nicht enttäuschen, aber ihr werdet bei mir nichts finden!« Sie wiederholen den Abstrich – erneut positiv. Es sind die Reifen meines Fatbikes. Das sperrige Ungetüm ist das Einzige, was am Zugang zum Check-in nicht durchleuchtet werden konnte, es passt nicht durch den Gepäckscanner. Man gibt mir zu verstehen, dass ich die Räder ausbauen soll, um zumindest diese scannen zu lassen. Ich reagiere etwas genervt, weil ich schon damit begonnen hatte, das Fatbike flugfertig vorzubereiten: Vorderrad raus, mit Kabelbindern am Rahmen fixieren, Pedale ab, Lenker quer, Schaltwerk sichern, Scheibenbremsen polstern und am Ende alles in einen großen Sack verpacken. Ich war schon fast fertig, doch jetzt soll ich das durchdachte Konstrukt wieder auseinanderfriemeln.

Orthodoxe Kirche in der Altstadt von Jakutsk.

Hastig hole ich beide Laufräder raus und lege sie auf das Band. Prüfende Blicke. Natürlich ist nichts Verdächtiges zu erkennen. Ratlose Blicke. »Was jetzt? Ich muss mich beeilen, sonst hebt mein Flieger ohne mich ab!«, sage ich und baue die Laufräder flugs zurück in das Radpaket. Ich weiß, dass ich damit gleich noch mal zur Sperrgepäckannahme rennen muss. Dort wird es dann noch einmal komplett durchleuchtet. Man lässt mich ziehen, wenn auch ein wenig skeptisch, wie mir scheint. Vielleicht bin ich auf dem Weg zum Flughafen einfach nur durch die Überreste eines alten Silvesterböllers gefahren ...

Nun wird es spannend. Am Check-in bin ich tatsächlich der Letzte. Inständig hoffe ich, dass mein aufgegebenes Gepäck noch rechtzeitig verladen wird. Mein Ziel ist Jakutsk, mit einem Umstieg in Moskau. »Jakutsk? Wo ist das denn?«, fragen mich die Damen, die mir das Ticket ausstellen. Wie bitte? »Jakutsk, das ist die Hauptstadt der größten autonomen Republik Russlands, ganz im Osten, in Sibirien«, erwidere ich mit leicht erstauntem Unterton. »Hmm ... Irkutsk sagt uns was, aber Jakutsk? Noch nie gehört, das muss was Neues sein.« Ich kann mir ein Schmunzeln nicht verkneifen, sage aber nichts mehr dazu. Vom russischen Bordpersonal hätte ich ein bisschen mehr Kenntnis von den inländischen Zielen erwartet. Egal, Hauptsache, der Pilot kennt die Flugroute.

In sprichwörtlich letzter Minute erreiche ich meinen Flieger. Doch dann heißt es erst einmal warten. Nach einer Weile ertönt eine klärende Durchsage: »Es gibt Probleme mit dem Gepäck eines Passagiers.« In mir kommt der Verdacht auf, dass dieser ominöse Passagier auf den letzten Drücker ein Fahrrad als Sperrgepäck aufgegeben hat. Ich atme kurz auf und schaue mit betont unschuldigem Blick aus dem Fenster. Dann hebt das Flugzeug endlich ab, mit 20 Minuten Verspätung.

Am Morgen des 1. März lande ich in Jakutsk. Die Sonne scheint durch diffuse Wolkenschleier, Eisflitter glitzert in der Luft. Als ich hinaustrete, füllen sich meine Lungen mit beißender Kälte, die mir aber alles andere als unangenehm vorkommt. Durch die kontinentale Trockenheit wirken hier –20 °C erträglicher als Temperaturen um den Gefrierpunkt in Berlin. Im Flughafengebäude warte ich auf mein Gepäck. Zwischen unzähligen Koffern erspähe ich schon bald meine zwei großen Packtaschen und nehme sie vom Gepäckband. Auf das Fahrrad warte ich jedoch vergeblich. Ich warte so lange, bis nur noch ein letzter verlorener Koffer seine Kreise dreht. Als das Band schließlich stoppt, rufe ich fragend durch die Luke, ob da noch Sperrgepäck durch die Tür kommt? Man verneint ... Mist! Das geht ja gut los, ist aber nach den Verzögerungen in Berlin auch nicht verwunderlich. Ich gehe zur Gepäckaufsicht. Man nimmt meine Daten auf und will mich informieren, sobald das Rad auftaucht.

Dann rufe ich Maria an, bei der ich eine Unterkunft gebucht habe. Sie will mich mit dem Auto direkt vom Flughafen abholen, und wenige Minuten später ist sie schon da. Wir fahren direkt zu dem Wohnblock, in dem ich mich für ein paar Tage einrichte, um in Ruhe die letzten Vorbereitungen zu treffen. Meine Basis ist zentrumsnah, so kann ich vieles zu Fuß erledigen – Bargeld tauschen, eine russische SIM-Karte beschaffen, mich mit Proviant eindecken und mit Unterstützern meiner Reise verabreden. Auf den stark befahrenen Straßen der Innenstadt herrscht reges Treiben. Dick eingepackt flanieren Junge wie Alte mit bizarr knirschenden Schritten über den festgetretenen Schnee der breiten Gehwege, jeder eine Dampfwolke der ausgestoßenen Atemluft hinter sich herziehend. Während ich mich mitten im tiefsten Winter wähne, ist für diese Menschen bereits der Frühling angebrochen – mit längeren Tagen, höherem Sonnenstand und nicht mehr so tiefen Temperaturen. Ich versuche

Jakutsk ist die kälteste Großstadt der Welt, mehr als 300.000 Menschen leben hier, die Hälfte davon Jakuten. Von Künstlern geschaffene Eisskulpturen wachen wie Denkmäler über das Zeitgeschehen, als würde es nie einen Sommer geben.

mir vorzustellen, wie sich der Hochwinter um den Jahreswechsel anfühlen muss: tags wie nachts um –50 °C nebliger Smog, Raureif, Dunkelheit. Da geht der gemeine Städter nur noch vor die Tür, wenn er unbedingt muss, möglichst schnell von A nach B, von einer wärmenden Insel zur nächsten. Verständlich, dass dann ein paar sonnige Tage mit –30 °C am Morgen und –20 °C am Nachmittag schon Frühlingsgefühle auslösen. Das Kälteempfinden hat hier einen anderen Maßstab.

Jakutsk ist die kälteste Großstadt der Welt, mehr als 300.000 Menschen leben hier, die Hälfte davon Jakuten. Von Künstlern geschaffene Eisskulpturen wachen wie Denkmäler über das Zeitgeschehen, als würde es nie einen Sommer geben. Und auf den Märkten wartet schockgefrosteter Fisch auf seine Käufer. Die Wohnblöcke stehen hier alle storchenhaft auf Betonstelen, damit die Abwärme der Gebäude nicht den darunterliegenden Permafrostboden auftaut. Ebenso sind sämtliche Rohre oberirdisch verlegt, was dem Stadtbild zuweilen einen industrieartigen Charakter verleiht. Lediglich das Zentrum um die historische Altstadt sticht heraus – mit seinen großen Plätzen, pompösen Verwaltungsbauten und fein restaurierten Holzhäusern. Zwischen all dem glänzen die blank polierten goldenen Zwiebeltürme einer prunkvollen orthodoxen Kirche. Ein Ort der Kontraste.

Hier treffe ich mich am Abend mit Larisa, einer Jakutin, die wunderbares Deutsch spricht und im Sommer als Reiseleiterin bei *Lenaturflot* arbeitet. Ich hatte sie vor zehn Jahren während meiner ersten Radtour quer durch Jakutien kennengelernt. Damals führte sie mich durch das Museum für Landeskunde und erläuterte mir die Geschichte Jakutiens. Dass ich nach all der Zeit noch mal Kontakt zu ihr aufnehmen sollte, verdanke ich einer zufälligen Begegnung in Potsdam bei einem Vortragsabend namens »360° OST« kurz vor meinem Tourstart. In der

In den Straßen der Stadt regiert der Frost.

russlandaffinen Besucherschar traf ich auf Christina, eine junge Frau, die selbst schon mal in Tiksi war – mit einem Kreuzfahrtschiff über die Lena. Ich fragte sie, wie sie an das Permit für Tiksi gekommen war. Die Polarhafenstadt befindet sich nämlich in der arktischen Grenzzone Russlands und darf offiziell nur mit einer Sondergenehmigung des russischen Geheimdienstes FSB besucht werden. Dessen Ableger in Jakutien hatte ich bereits im Dezember angeschrieben, doch meine Mails mit dem Antrag blieben unbeantwortet, die Mailadresse schien nicht mehr gültig zu sein. Im Januar bat ich dann diverse jakutische Reiseagenturen, mir bei der Beschaffung des Permits behilflich zu sein. Doch niemand konnte oder wollte sich darauf einlassen. Zu verrückt erschien ihnen mein Vorhaben, auf eigene Faust und ohne professionelle Begleitung loszuziehen. Sie waren offenbar nicht bereit, mir das nötige Vertrauen entgegenzubringen. Denn wer den Antrag für mich einreicht, hält in gewissem Sinne seinen Kopf für mich hin und trägt Verantwortung für mein Tun.

Bei einer Flusskreuzfahrt ist die Permitbeschaffung natürlich Teil des touristischen Angebots und wird vom Reiseveranstalter organisiert. Ob ich da jemanden um Hilfe bitten kann, fragte ich Christina. Sie überlegte eine Weile, dann fiel ihr ein: Die Reiseleiterin von dem Schiff, die könnte Bescheid wissen! Sie spreche Deutsch, Larisa sei ihr Name. Larisa? Moment, etwa die Larisa, die ich 2007 bei meinem ersten Besuch in Jakutsk kennengelernt hatte? Ich ließ mir die Mailadresse geben – sie war identisch mit jener, die ich mir vor zehn Jahren in mein Tagebuch notiert hatte. Also schrieb ich sie einfach an, mit Verweis auf unser damaliges Treffen. Prompt kam eine herzliche Antwort. Sie erinnerte sich an mich und war sofort bereit, die nötigen Formalitäten in Erfahrung zu bringen und meinen Antrag direkt im Büro des FSB einzureichen. Eigentlich war das Zeitfenster schon längst abgelaufen, denn üblicherweise dauert die Bearbeitung eines solchen Antrags zwei Monate, bis zu meinem geplanten Tourstart verblieben aber nur noch vier Wochen. Es war die letzte Chance, das Permit für Tiksi zu bekommen. Und tatsächlich – zwei Tage vor meinem Abflug kam die Antwort: der *Propusk,* wie das Permit auf Russisch heißt, war genehmigt worden! Larisa hatte es bereits abgeholt und musste beim FSB auch ihre Daten hinterlassen. Ich bin ihr zutiefst dankbar für das Vertrauen, das sie mir entgegenbringt – nach all den Jahren und nur einer persönlichen Begegnung.

Als Dankeschön lade ich sie und einen Freund von ihr zum Essen ein, ins Restaurant *Machtal*. Hier übergibt sie mir das unterzeichnete Dokument. Und während wir traditionell jakutisch speisen, erzählen wir uns, was wir in den letzten zehn Jahren so erlebt haben. Dabei kommen wir auch auf den jakutischen Tour-Operator Michail Mestnikov zu sprechen, den ich vor zwei Jahren in Jakutsk kennenlernte, als ich mit Robert, einem sibirienerfahrenen Reisegefährten, zu meinem ersten richtigen Wildnisabenteuer durch das Suntar-Chajata-Gebirge aufbrach. Michail half uns damals, eine geeignete Mitfahrgelegenheit zu finden, die uns zum Startpunkt der sechswöchigen Rucksack-Schlauchboot-Tour bringen sollte. Larisa ermutigt mich, ihn auch diesmal zu fragen. Er werde mir sicher helfen, einen Fahrer zu finden. Mein Plan sieht nämlich vor, dass ich nicht direkt in Jakutsk mit dem Rad starte, sondern erst an dem Abzweig, an dem die Winterstraße beginnt, etwa 500 Kilometer östlich von hier, am Rande des Werchojansker Gebirges. Die Strecke dahin ist mir wohlbekannt, befuhr ich sie doch schon 2007 mit dem Rad und 2015 nochmals mit einem Sammeltaxi. Es ist eine gut frequentierte Fernverkehrsstraße, die bis zum Gebirgsrand keine besonderen Höhepunkte bietet. Also warum sich das antun und wertvolle Zeit vergeuden? Ich will dort anfangen, wo es interessant

Wiedersehen mit Larisa und Michail.

wird – dort, wo ich noch nicht war und wo von Beginn an der Reiz des Unbekannten in der Luft liegt.

Am nächsten Tag gehe ich unangemeldet in das Büro der Tourfirma *Nordstream*[1]. Michail erkennt mich sofort wieder und lässt seine Arbeit spontan ruhen. Es ist ein herzliches Wiedersehen, das von großem gegenseitigen Interesse geprägt ist. Michail organisiert teils anspruchsvolle Wildnis- und Raftingtouren durch die schönsten Regionen Jakutiens, die er auch regelmäßig begleitet, und kennt sich gut aus mit den Gepflogenheiten abseits der Zivilisation. Klar, dass er vor zwei Jahren auch den Verlauf unserer Wildnistour durch das Suntar-Chajata-Gebirge mitverfolgt und einige unserer Abenteuergeschichten mitbekommen hat – die Begegnungen mit hungrigen Bären, unsere Trennung mitten im Nirgendwo, die entkräftete Rückkehr ... Wir waren früh in der Saison gestartet, eigentlich zu früh, um problemlos über den bis zu 3.000 Meter hohen, noch im Schnee liegenden Gebirgszug zu gelangen, denn erst dahinter lag der Fluss, auf dem ein 500 Kilometer langes Rafting zum Ochotskischen Meer folgen sollte. Alle erfahrenen Wildnisgänger, die wir um eine Einschätzung zur Durchführbarkeit baten, machten uns wenig Hoffnung. Wir sind trotzdem losgezogen, allerdings kamen wir nur mit deutlicher Verzögerung voran, sodass wir am Ende unseren Proviant strecken mussten, um wieder heil aus der Sache rauszukommen. Und nun erzähle ich Michail von meinem neuen Vorhaben, das für einen Moment auch seine Vorstellungskraft sprengt. Mit dem Fahrrad bis Tiksi!? Im Winter!? Allein!? Er werde mir auf jeden Fall helfen und mich informieren, sobald er einen Fahrer findet, der mich in einem Sammeltaxi zum Startpunkt der geplanten Radtour bringen würde.

Inzwischen ist auch mein Fahrrad eingetrudelt, das mir vom Flughafen direkt zur Unterkunft gebracht wurde. Ich bin sichtlich erleichtert und checke den Zustand: alles da, alles ganz. Nur an der Lenkertaschenhalterung ist eine Ecke abgebrochen, mit dem darunter montierten Gepäck sollte sie aber genug gestützt sein. Jetzt kann ich auch endlich einen Termin nennen, an dem es losgehen soll. Ich gebe Maria Bescheid, dass ich nur noch zwei Nächte in der Unterkunft bleibe. Dann fahre ich mit einem der vielen Linienbusse zu einem riesigen Supermarkt am Stadtrand und besorge mir den Proviant für die erste 900 Kilometer lange Radetappe. Ich rechne mit drei, maximal vier Wochen, ehe ich wieder eine größere Siedlung mit Einkaufsmöglichkeit erreiche. Für die Hauptmahlzeiten plane ich Nudeln, Hafer, Grieß, Rosinen, Zucker und Butter ein, als Snacks Räucherkäse, Salami, Speck, Knäckebrot, Zwieback, Kekse, Lebkuchen, Halva und ein paar Müsliriegel – 13 Kilogramm kommen zusammen. Aus Berlin hatte ich zudem schon mitgebracht: Ei- und Milchpulver, Trockengemüse, Tütensuppen, Salz, Gewürze, Knoblauch, Trockenobst, Nüsse, etwas Schokolade und ein Fläschchen Honiglikör, was für die gesamten sechs Wochen reichen muss, da sich derlei »Luxus« unterwegs nur schwer oder gar nicht auftreiben lässt. Und wenn doch, dann nicht unbedingt in der gewünschten Qualität oder Portionierung. Am nächsten Tag hole ich mir noch drei Liter Benzin von einer Tankstelle, um jederzeit autark kochen zu können. Und Signalpatronen für den Fall, dass ich am Ende der Tour noch auf Eisbären treffen sollte.

Dann ein Anruf von Michail. Mit meinen rudimentären Russischkenntnissen verstehe ich nur irgendetwas mit *»Velosiped«* – »Fahrrad« – und dass ich um 5 Uhr nachmittags ins Restaurant *Trapeza* eingeladen bin. Als ich dort aufkreuze, heißt mich eine Männerrunde mit diversen Reportern zu Pizza und Kompott willkommen. Michail hat eine kleine Pressekonferenz organisiert, damit die lokalen Medien über mein ungewöhnliches Reisevorhaben berichten können. »Ihr solltet mich interviewen, wenn ich zurück bin«, sage ich. Es widerstrebt mir, etwas an die große Glocke zu hängen, noch bevor der erste Schritt getan ist. Ja, ich will unbedingt nach Tiksi, aber ich habe mir noch einen Plan B und C zurechtgelegt, falls es doch anders kommen sollte. Es gibt einfach zu viele Unsicherheiten, um heldenhaft dieses eine Ziel zu verkünden, so als wäre die Tour nur dann erfolgreich, wenn ich Tiksi tatsächlich erreiche. Nein, der Weg ist das Ziel! Der Weg durch den unbekannten, im Sommer unzugänglichen jakutischen Norden. Das Erlebnis, dort unterwegs zu sein, zählt. Das versuche ich ihnen irgendwie klarzumachen, und so lasse ich mich doch noch breitschlagen, ein paar Antworten zu geben.

Auf Englisch komme ich mit Ivan ins Gespräch. Ich erzähle ihm, dass ich vom Abzweig bei Chandyga nordwärts bis nach Tiksi fahren möchte, und dass die Idee schon mindestens acht Jahre alt sei. Im Netz habe ich viel über diese Route recherchiert, sie wurde schon von einigen Autoexpeditionen bewältigt. Radfahrer scheinen es noch nicht versucht zu haben, zumindest fand ich keinerlei Hinweise. Mein Plan ist nun, in sechs Wochen rund 1.800 Kilometer zu überwinden. Ich rechne damit, etwa 50 Kilometer am Tag zu schaffen, solange die Straßenverhältnisse gut sind, und 20 bis 30 Kilometer, wenn die Bedingungen nicht so optimal sein sollten. »Und was nimmst du alles mit?«, will er schließlich noch wissen. »Das Übliche: ein Zelt, einen Schlafsack, Kleidung, Essen. Aber alles zusammen wiegt mehr als 100 Kilogramm, einschließlich des Fahrrads.«

Tags darauf erscheint das komplette Interview auf den Internetseiten von *Yakutia Info* und *Yakutia Travel*[2]. Bei Letzterem wird im Hauptmenü sogar eine zusätzliche Verlinkung mit dem Subtitel »Ричард Левенхерц« (»Richard Löwenherz«) eingefügt, damit der interessierte Leser mit nur einem Klick zu einer interaktiven Karte gelangt, auf der er meine Route tagesaktuell nachverfolgen kann. Es ist geplant, dass ich die Koordinaten meiner Übernachtungsplätze an den Redakteur sende und er diese dann in die Karte überträgt. Die Kunde von meiner geplanten Radreise sollte sich also gut verbreiten.

AUFBRUCH ZUM STARTPUNKT

Gegen 10 Uhr am Vormittag stehe ich bei –20 °C mit meinem Rad sowie dem ganzen Gepäck vor dem Häuserblock meiner Unterkunft und warte auf das von Michail organisierte Sammeltaxi. Es dauert eine Weile, anderthalb Stunden vergehen, bis der Fahrer endlich aufkreuzt – sibirische Pünktlichkeit. Aber dann geht alles ganz schnell. Rad und Gepäck werden in wenigen Minuten auf dem Dach verzurrt, ich übergebe die erste Hälfte des vereinbarten Fahrpreises, und schon sausen wir los. Zunächst quer durch die Stadt, um die übrigen Fahrgäste einzusammeln, dann an einem Ausrüstungsladen vorbei, in dem ich mir für den Notfall noch eine Gaskartusche hole. Schließlich verlassen wir Jakutsk und fahren über das Eis der gefrorenen Lena. Die freigeschobene Schneise wirkt wie eine normale Hauptverkehrsstraße in einer weißen weiten Ebene. Doch links und rechts des Weges ragen aufgeschobene Eisschollen aus dem Schnee und erinnern daran, dass unter uns das Wasser des größten Stroms Sibiriens dahinfließt. Am anderen Ufer gelangen wir auf die berüchtigte Kolyma-Trasse, die einst unter der Herrschaft Stalins von Gulag-Häftlingen unter unmenschlichen Bedingungen erbaut wurde und aufgrund der vielen Todesopfer auch »Straße der Knochen« genannt wird. Bis heute ist sie die einzige ganzjährig befahrbare Straße, auf der man in die unermesslichen Weiten des Fernen Osten Russlands vordringen kann. In der dünn besiedelten Bergwildnis rund um den namensgebenden Fluss Kolyma führt sie vorbei an ehemaligen Gulags, devastierten Siedlungen und Goldgräbercamps, um nach 2.000 Kilometern am Pazifik, in der Hafenstadt Magadan, ihr Ende zu finden.

Etwa auf halber Strecke liegt Ust'-Nera, das Ziel meiner Fahrgemeinschaft. Sieben Leute teilen sich die Fahrt, den Letzten sammeln wir in Nizhnyj Bestjach ein. Wir durchqueren die jakutische Tiefebene mit ihren weiten Waldgebieten und passieren etliche kleinere Dörfer. Hölzerne Blockhütten mit rauchenden Schornsteinen und im Schnee grasende Kleinpferde prägen das Landidyll. Man hat den Eindruck, in eine vergessene Welt abzutauchen, unvergleichbar mit dem städtischen Leben in Jakutsk.

Als wir einen etwas größeren Ort durchqueren, pausieren wir in einem Straßencafé und stärken uns mit einer Portion Kantinenfutter. Das Angebot der Küche ist einfach, aber deftig, genau nach meinem Geschmack. Zu trinken gibt es wie so oft in Russland *Mors,* ein Beerensaftgetränk mit Preiselbeeren. Während wir uns die Bäuche vollschlagen, verdichten sich am Himmel die Wolken – ein leichter Flockenwirbel setzt ein. Seit unserem Start in Jakutsk sind auch die Temperaturen spürbar gestiegen und liegen nun im einstelligen Minusbereich. Ein Tiefdruckgebiet scheint milde Luftmassen vom Ochotskischen Meer ins Landesinnere zu verfrachten. Etwas, das in diesem hochkontinentalen Klima nur sehr selten vorkommt, da mehrere Gebirgszüge am Übergang zum Pazifik eine natürliche Barriere bilden und einen maritimen Wettereinfluss im jakutischen Inland kaum zulassen. Nun scheint aber mal Bewegung in die sonst still daliegende Kaltluftzone zu kommen.

Wir fahren weiter nach Osten. Kurz vor dem Ort Chandyga erreichen wir in der Abenddämmerung den Aldan, ein weiterer Strom, der irgendwann in die Lena mündet und wie jeder Fluss hier im Winter komplett gefriert. Die Überfahrt auf dem Eis ist diesmal etwas holprig, nur auf der abgesackten Eisfläche der Flussmitte fährt es sich ganz gut. Im Sommer kommt man wie an der Lena nur mithilfe einer Fähre auf die andere Flussseite. Als ich hier bei meiner ersten Jakutien-Reise im Herbst 2007 mit dem Rad ans Ufer rollte, drängelten sich bereits mehrere Fahrzeuge um den Anleger. Warum, wurde schnell klar, denn die Fähre querte den Fluss nur zweimal am Tag – einmal morgens und einmal abends. Entsprechend groß war das Gerangel, um sich einen Platz für die Überfahrt zu sichern. Dass es jetzt im Winter eine Straße über das Eis gibt, macht die Lage natürlich viel entspannter.

In Chandyga kehren wir noch einmal ein. Ich nutze die Gelegenheit, ein letztes Mal mit meiner Freundin Ania zu telefonieren. Später würde es kein Netz mehr geben, wahrscheinlich auf den gesamten 900 Kilometern der ersten Etappe, also etwa drei Wochen lang. In dieser Zeit können wir nur über meinen Satellitenmessenger, ein *DeLorme InReach,* kommunizieren. Textnachrichten via Satellit sind möglich, Gespräche jedoch nicht. Sie hat Vertrauen in mein Vorhaben und macht sich zum Glück keine unnötigen Sorgen. Allerdings ist sie nicht gerade erfreut, dass ich schon wieder für so lange Zeit aus dem gemeinsamen Leben ausbreche, war ich doch erst im vergangenen Sommer für drei Monate in der nordsibirischen Wildnis unterwegs. Eine Auszeit von einem Monat fände sie noch in Ordnung, aber sieben Wochen oder gar zwei, drei Monate? Ich verstehe ihre Perspektive, ihren Wunsch nach mehr Beständigkeit, doch mich zieht es immer wieder hinaus, um etwas Unbekanntes auf eigene Faust zu entdecken, etwas Neues mit allen Sinnen zu erleben – da reicht ein einzelner Monat oft nicht aus, vor allem, wenn es in so abgelegene Gebiete geht wie jetzt.

Nach neun Stunden Fahrt erreichen wir endlich den Abzweig, an dem ich meine Radtour starten möchte. Es ist bereits stockduster, im Lichtkegel der Scheinwerfer erkenne ich nur das Schild, das auf die Orte nördlich der Trasse verweist, daneben schemenhaft die Umrisse der tief verschneiten Lärchentaiga. Ich sage dem Fahrer, dass er mich

Mit einem Sammeltaxi lasse ich mich an den Rand des Werchojansker Gebirges bringen.

Abendliche Ankunft an Valodias Haus, das früher ein Truckercafé war.

hier absetzen kann, ich würde mich schon zurechtfinden. Das erscheint ihm offenbar etwas zu suspekt, und so steuert er kurzerhand auf eine Einsiedlerhütte zu, die es vor zehn Jahren an dieser Stelle noch nicht gab. Es wird gehupt, bis ein Mann vor die Tür tritt. Schließlich kommen sie ins Gespräch und handeln irgendwas aus. So wie es scheint, soll ich die Nacht in der Hütte verbringen und nicht irgendwo im Wald. Ich füge mich den Umständen, verabschiede mich von meiner Fahrgemeinschaft und deponiere meinen ganzen Krempel an der Hauswand.

Wortkarg und mit ernstem Blick bittet mich mein überrumpelter Gastgeber in die warme Unterkunft. Valodia ist sein Name, er wohnt hier allein mit drei Hunden und einer Katze. Erbaut wurde die Hütte als Café für durchkommende Trucker, ein paar Jahre hat er damit seinen Unterhalt verdient. Doch irgendwann nach 2015 rentierte sich das Geschäft nicht mehr, und er machte den Laden dicht. Seither scheint ihn die Jagd über Wasser zu halten. Mehr gibt es nicht zu erzählen. Auch von mir will er nichts weiter wissen. Bei einer Scheibe Brot und Tee schauen wir schweigend auf den flackernden Flachbildfernseher, der neben Mikrowelle und Kühlschrank an der Decke befestigt ist. Ein schwaches kaltes Licht sorgt für etwas Helligkeit im Raum. Müdigkeit überkommt mich, deshalb frage ich ihn bald, wo ich die Nacht verbringen kann. Er führt mich in einen gut isolierten Nebenraum mit einem Bett und einer Holzpritsche am Boden. Letztere ist für mich, und so haue ich mich ohne Umschweife aufs Ohr. Der Raum ist vollkommen überhitzt – unerträglich, kaum auszuhalten. Ich bleibe wach, liege ohne Decke, am Fußende die Katze. Nach einer Weile wage ich es, das Fenster aufzureißen, nur einen Spalt, in der Hoffnung, dass es Valodia nicht bemerkt. Erst dann gelingt es mir einzuschlafen.

Ich bleibe wach, liege ohne Decke, am Fußende die Katze. Nach einer Weile wage ich es, das Fenster aufzureißen, nur einen Spalt, in der Hoffnung, dass es Valodia nicht bemerkt. Erst dann gelingt es mir einzuschlafen.

Zwischenstopp in einer jakutischen Siedlung.

2

ABZWEIG INS UNGEWISSE

An diesem Abzweig beginne ich meine Radtour in den arktischen Norden.

TAG 1, KILOMETER 0

Als die Morgensonne über die weißen Berggipfel des Werchojansker Gebirges emporsteigt, stehe ich an dem Abzweig und blicke auf das Schild, das mir den Weg in eine mir noch unbekannte Richtung weist. Ich könnte sofort einbiegen, doch etwas hält mich. Zu bedeutsam erscheint mir der Ort, als dass ich in der Lage wäre, einfach an ihm vorüberzufahren. Mitte September 2007 stand ich schon einmal an dieser Stelle. Goldgelb leuchteten damals die Lärchen und boten einen schönen Kontrast zum Grau des Himmels, der den nahenden Winter mit bald aufkommenden Schneefällen ankündigte. Mysteriös kam mir dieser Abzweig vor, zeigte doch das damalige Schild gleich drei Orte, die ich auf meiner Übersichtskarte nicht finden konnte – weit im Norden, irgendwo im Nirgendwo: Batagaj 900 km, Ust'-Kujga 1.295 km, Deputatskij 1.519 km. Dass man diese Siedlungen ausschil-

МАГАДАН 1504
ТОПОЛИНОЕ 189
БАТАГАЙ 900

derte, wunderte mich, denn auf meinen Karten waren keinerlei Wege zu finden, die über den ersten, ebenfalls genannten Ort Topolinoe in 189 Kilometer Entfernung hinausreichten. Was sind das für Orte, wenn dort keine Wege hinführen? Oder was sind das für Wege, wenn sie auch in der aktuellsten Karte nicht verzeichnet sind?

Erst als ich wieder zu Hause war, fand ich die Antwort darauf: in einem kleinen russischen Straßenatlas, der auch große Teile des nördlichen Sibiriens abbildet. Hier sind sie verzeichnet, die mysteriösen Wege, dargestellt als ein paar unscheinbare Linien, die von der Kolyma-Trasse in die unendlichen Weiten des fast menschenleeren Nordens reichen – gekennzeichnet mit dem Begriff »автозимник« (avtozimnik), kurz auch »зимник« (zimnik). Was übersetzt heißt: Winterstraße für Autos, abgeleitet von »zima«, dem russischen Wort für »Winter«. Es stellte sich heraus, dass auch vom Dorf Topolinoe ein *Zimnik* weiter nach Norden führt – nach Batagaj und Ust'-Kujga, zu ebenjenen Orten, die auch auf dem Schild verzeichnet waren. Dieser Abzweig ist also ein offizieller Einstieg in das temporäre Winterstraßennetz des jakutischen Nordens. Nur im Winter, wenn Flüsse, Seen und Sümpfe gefroren sind, ist es möglich, diese unfassbar weit entfernten Orte auf dem Landweg zu erreichen. Eine faszinierende Vorstellung, die mich nicht mehr loslassen wollte.

Ich begann zu recherchieren, wollte mehr über diese Winterwege erfahren – welche der im Atlas verzeichneten Zimniks tatsächlich existieren, wo genau sie entlangführen und in welchem Zustand sie sind. Über Jahre hinweg filterte ich immer wieder das Internet nach allen erdenklichen Infos und Andeutungen, sichtete Berichte, Fotos und Videos von diversen russischen, osteuropäischen und internationalen Autoexpeditionen, teils auch von lokalen Fernfahrern, notierte, skizzierte und speicherte mir alles ab, was irgendwie von Bedeutung sein könnte. So vervollständigte sich das Bild mehr und mehr, insbesondere in den letzten Jahren, da bei den Suchergebnissen einige Geländewagenexpeditionen hinzukamen, die ihre gefahrenen Tracks in guter Auflösung für jedermann verfügbar machten. Schließlich wurde die Informationslage so detailliert, dass ich begann, alles Wissen in mehreren Übersichtskarten anschaulich zu bündeln, ergänzt durch eine flächendeckende Analyse der Google-Maps-Satellitenbilder, um mir einen umfassenden Überblick zu den aktuell vorhandenen Winterwegen des russischen Nordens zu verschaffen.

Ich war sichtlich überrascht, wie viele autotaugliche, regelmäßig vom Schnee befreite Winterwege es allein im Norden Jakutiens gibt, wie diese zum Teil miteinander verbunden sind und wie weit einige in die polaren Gebiete vordringen – bis hin zu den letzten Siedlungen in der arktischen Tundra –, ein Wegenetz von Abertausenden Kilometern! Und irgendwie hatte jede Variante ihren Reiz. Doch im Vergleich untereinander wurde schnell klar, dass der Zimnik über Batagaj und Ust'-Kujga der mit Abstand reizvollste sein muss, denn dieser geht nicht nur durch eine abwechslungsreiche Gebirgslandschaft, sondern führt auch auf mehreren Hundert Kilometern über das Eis gefrorener Flüsse und auf seiner Verlängerung zur Polarhafenstadt Tiksi sogar noch gute 200 Kilometer über die Eisdecke des Arktischen Ozeans. Wo hat man so etwas sonst noch auf der Welt? Tatsächlich nirgendwo!

Der Zimnik nach Tiksi sollte also mein unangefochtener Favorit bleiben – diesen und keinen anderen möchte ich fahren! Hier werde ich bis zum Schluss Neues entdecken können, bis zum Schluss immer etwas vor mir haben, das meine Motivation weckt, weiterzumachen und nicht aufzugeben. Denn ich habe eins gelernt in den vergangenen Reisejahren: Um die Moral bis zum Schluss aufrechtzu-

Der Zimnik nach Tiksi sollte also mein unangefochtener Favorit bleiben – diesen und keinen anderen möchte ich fahren! Hier werde ich bis zum Schluss Neues entdecken können, bis zum Schluss immer etwas vor mir haben, das meine Motivation weckt, weiterzumachen und nicht aufzugeben.

erhalten, muss ich sie regelmäßig mit etwas Neuem füttern, um auch unter widrigen Umständen nicht einfach das Handtuch zu werfen oder den Sinn des Ganzen zu hinterfragen. Solange ich etwas vor mir habe, das mich begeistert und das ich unbedingt noch sehen möchte, ergibt es für mich auch Sinn, ein Ziel aus eigener Kraft zu erreichen – nicht der Kilometer wegen, sondern des Erlebnisses wegen! Und das gefrorene Polarmeer als Finaletappe ist definitiv etwas, das ich mir auf keinen Fall entgehen lassen möchte.

Noch immer stehe ich an dem Abzweig, doch beschwingt von dem letzten Gedanken trete ich nun endlich in die Pedale und mache mich auf den Weg. Der Startschuss ist gefallen, es geht los! Die ersten 190 Kilometer bis zum Dorf Topolinoe sind noch eine normale Schotterpiste, jetzt natürlich schneebedeckt, die auch im Sommer mit dem Auto befahren werden kann. Der nächste größere Ort danach: Batagaj in 900 Kilometer Entfernung. Es ist die längste Etappe zwischen zwei Versorgungspunkten, und so bringt mein bepacktes Rad ein noch nie da gewesenes Gesamtgewicht von gut 110 Kilogramm auf die Waage. Allein den Anteil des Proviants schätze ich auf rund 20 Kilogramm. Zudem habe ich zwei Thermoskannen mit Tee dabei, drei Liter Benzin, zwei Benzinkocher, einen Gaskocher, ein Beil, eine Handkettensäge, ein Solarpaneel, Werkzeug, Ersatzteile, Unmengen an Klamotten und natürlich eine umfangreiche Fotoausrüstung, bestehend aus einer Pentax-Spiegelreflexkamera mit drei Objektiven, einer Sony-Kompaktkamera, einer GoPro-Actioncam und einem Stativ, dazu etliche Akkus, Ladegeräte und so weiter. Viel zu viel, könnte man meinen, doch hier draußen, fern jeder Zivilisation, schleppe ich lieber etwas mehr mit mir herum als zu wenig. Sicher ist sicher, denn ich möchte einerseits vollkommen autark bleiben, um auch in schwierigen Situationen nicht auf die Hilfe anderer angewiesen zu sein, andererseits auch nicht auf den Luxus verzichten, ein gutes Foto schießen zu können.

Mit dabei ist auch eine Rollpulka – ein leichtes Kunststoffteil, das nur 400 Gramm wiegt, sich einrollen lässt und im Gepäck um das Zelt gewickelt quasi keinen zusätzlichen Platz wegnimmt. Aber ausgerollt kann ich sie wie einen Schlitten hinter meinem Rad herziehen und einen Teil meines Gepäcks auf sie auslagern. Eigentlich war der Plan, sie erst dort einzusetzen, wo ich eventuell auf Schneemobilpisten ausweichen muss, also dort, wo eine Verteilung der Gepäcklast auf eine größere Fläche von Vorteil wäre, um nicht zu tief in den Schnee einzusinken. Das ist auch der Grund, warum ich mich für das Surly Pugsley entschieden habe, ein Fatbike mit vier Zoll beziehungsweise zehn Zentimeter breiten Reifen. Doch schon jetzt stehe ich vor dem Problem, wie ich diese Unmengen an Gepäck am Fahrrad transportieren soll. Ich müsste alles noch einmal umpacken, aber darauf habe ich im Moment keine Lust. Also entscheide ich mich kurzerhand dafür, die Rollpulka gleich hier ans Rad zu binden und mit einer großen Tasche zu beladen. Vor zwei Jahren hatte ich dieses Konzept schon einmal getestet. Es funktioniert, nur bergab kann es passieren, dass mich der Schlitten überholt und die Zugleinen sich um das rotierende Hinterrad wickeln …

VON HÜTTE ZU HÜTTE

Es ist unglaublich mild: 0 °C zeigt mein Thermometer! Normal ist das nicht, hatte ich doch um diese Zeit eher mit –50 in der Nacht und –30 °C am Tag gerechnet. Bis Mitte März kann es im Werchojansker Gebirge noch vereinzelt solche Werte geben. Mental hatte ich mich darauf eingestellt, dass die ersten Tage hart werden würden. Doch nun das völlige Gegenteil – eine regelrechte Hitzewelle! Ich fahre nur mit langärmeligem Unterhemd und T-Shirt, zeitweise auch ohne Mütze. Es geht auf und ab, vor allem an den Anstiegen komme ich mächtig ins Schwitzen. Ich bin noch vollkommen untrainiert und muss mir erst einmal etwas Kondition erarbeiten. Fast schon aussichtslos erscheint mir das Vorhaben, mit solch einer Gepäckmasse noch 1.800 Kilometer bewältigen zu wollen, als könne ich dieser enormen Belastung nicht standhalten. Aber ich weiß: Das kommt noch. Die erste Reisewoche ist meine Trainingswoche. Ruhig angehen und dann durchstarten, das ist meine Devise. Zumal ich jetzt am Anfang ohnehin meinen Fokus auf die Eingewöhnung an die winterlichen Umstände und die alltägliche Routine richten muss. Da kommt es mir natürlich entgegen, dass ausgerechnet jetzt so milde Temperaturen herrschen, das erleichtert den Einstieg ungemein.

Ich genieße es, endlich auf eigene Faust unterwegs zu sein, dieses Land in seinem Winterkleid hautnah mit allen Sinnen und viel Zeit erleben zu können. Immer, wenn ich eine Freifläche oder eine Anhöhe passiere, schweift mein Blick in die Weite, um jedes Detail dieser faszinierenden Welt einzusaugen. Rechts die blendend weißen Gipfel der über 2.000 Meter hohen Gebirgskette, links die unendlich wirkende Lärchentaiga der jakutischen Tiefebene. Das alles in das strahlende Licht der wärmenden Märzsonne getaucht. Als jene am Abend als glühend roter Ball über der weiten Waldebene untergeht, spüre ich, wie mich meine Kräfte verlassen. Ich könnte auf der Stelle umfallen und einschlafen, doch ich will noch ein Stück weiter. Valodia hatte mir von einer Hütte erzählt, direkt am Weg, in etwa 40 Kilometer Entfernung. Wenn ich sie erreiche, kann ich mir den Zeltaufbau ersparen und hätte zudem einen wirksam schützenden Unterschlupf.

Auch wenn es im Moment noch nicht danach aussieht, dass es nachts kälter als –15 °C werden könnte, will ich

Fantastischer Weitblick: auf der einen Seite das Werchojansker Gebirge, auf der anderen die jakutische Tiefebene.

auf dieser Reise von Beginn an jede sich bietende Möglichkeit nutzen, nicht im Freien zu übernachten, um meine körpereigenen Energiereserven zu schonen. Nur so glaube ich, sechs Wochen ohne erholende Pausentage durchstehen zu können. Mein Erfahrungsrepertoire geht zurück auf drei längere Winterradreisen, die mich in der Vergangenheit durch Skandinavien und das nördliche Russland führten. Jede dieser Expeditionen dauerte rund drei Wochen, und jedes Mal fühlte ich am Ende, dass die Luft raus war, dass ich bei einer Verlängerung keinen Spaß mehr haben würde, mich physisch und psychisch vollkommen verausgaben müsste. Diesen Zustand muss ich diesmal unbedingt so weit wie möglich hinausschieben, um bis zum Schluss bei Kräften zu bleiben. Und so fange ich heute schon an, eher aus Prinzip als aus Notwendigkeit, und fahre weiter in die Nacht hinein, fest entschlossen, diese Hütte als ersten Lagerplatz zu erreichen.

Als das letzte Licht des Tages dahinschwindet, funkeln immer mehr Sterne am Firmament auf. Richtig dunkel wird es aber nicht, denn der zunehmende Halbmond steht in dieser Phase schon hoch am Abendhimmel und beleuchtet mit seinem fahlen Schein die winterliche Szenerie. Durch den hell reflektierenden Schnee ist alles gut zu erkennen, sodass ich ohne Kunstlicht in die Nacht fahren kann. Ein tolles Gefühl, bei solch stimmungsvollen Umständen durch dieses menschenleere Land zu streifen. Und so vergesse ich für eine Weile, dass ich eigentlich schon umfallen wollte.

Dann, nach 43 Kilometern, taucht sie endlich auf: eine kleine hölzerne Blockhütte am rechten Wegesrand. Erleichtert stelle ich mein Rad an die Außenwand und checke die Lage. Anscheinend war schon lange niemand mehr hier, denn es gibt keinerlei Spuren, und die Eingangstür ist von einem Schneewall blockiert. Mit einem Brett, das neben der Tür an der Hüttenwand lehnt, schiebe ich den Schnee zur Seite und trete hinein. Im Schein meiner Kopflampe erkenne ich einen kleinen Tisch, eine breite Bank, einen Ofen, davor ein paar Holzscheite. Alles macht einen gepflegten Eindruck, sogar die Fenster scheinen alle gut abgedichtet – mit einer transparenten, offenbar sehr robusten Plastikfolie. Flugs quartiere ich mich ein, taue noch etwas Schnee für neuen Tee und eine Nudelsuppe auf und lege mich ohne Umschweife in den Schlafsack.

Ich bin völlig am Ende. Dieser erste Tag hat mir eine Menge abverlangt. So viele Eindrücke, die Eingewöhnung an eine neue Routine, an den Winter, ans ständige Draußensein, dazu noch vollkommen untrainiert Leistung bringend. Ich spüre Erschöpfung, aber auch Erfüllung, wiege mich in Gedanken und Erinnerungen. Unzählige Bilder huschen vor meinem geistigen Auge dahin – Gesehenes, Erlebtes, Erdachtes ... Immer noch in die Pedale tretend, gleite ich hinüber ins Reich der Träume. Sechs Wochen werde ich nun in dieser Winterwelt unterwegs sein, mit all ihren Herausforderungen. Tag für Tag, Kilometer um Kilometer. Rastlos, atemlos, erbarmungslos. Bei Kälte, bei Schnee, bei Sturm. Den Naturgewalten ausgeliefert, in endloser menschenleerer Weite, so ziehe ich dahin. Unbeirrt, unermüdlich, unaufhaltsam ...

Rums! Ein lautes Krachen reißt mich aus dem unruhigen Schlaf, zurück an den behüteten Ort, der mir Schutz bietet vor all dem gedanklichen Unbill des sibirischen Winters. Benommen richte ich mich auf, versuche mich zu orientieren. Doch dann trifft mich ein greller Lichtschein, drei schemenhafte Gestalten nähern sich, murmeln etwas in einer mir fremden Sprache. *»Zdorovo!«* – »Hallo« –, donnert es mir entgegen, und mit einem Schlag ist mein Bewusstsein wieder im Hier und Jetzt. »Hallo«, antworte ich und schaue kurz auf meinen Radcomputer –

es ist zehn vor vier. Wer kommt mitten in der Nacht auf die Idee, in eine abgelegene Blockhütte zu schauen, die seit Wochen von niemandem betreten wurde – ausgerechnet jetzt? Wie sich herausstellt, handelt es sich um eine kleine Fahrgemeinschaft aus Topolinoe. Nikolaj, der mit seiner Frau und deren Mutter nach Chandyga fahren will, hatte über seinen Bruder von mir erfahren. Gestern gegen 8 Uhr abends sei er mit mir zusammengetroffen. Ich erinnere mich an etwa ein Dutzend Fahrzeuge, die mir im Laufe des Tages begegnet sind, und das letzte war tatsächlich eines, das aus Topolinoe kam. Mit dem Fahrer hielt ich ein kurzes Schwätzchen. Dabei erzählte ich ihm offenbar auch, dass ich noch bis zur besagten Hütte fahren will, um dort zu übernachten. Wie leichtfertig! Nur deswegen habe ich jetzt Besuch. Aber gut, irgendwie auch nett, dass man kurz anhält, um mich kennenzulernen, auch wenn es mitten in der Nacht ist.

Natürlich wird der Zwischenstopp gleich mit einem kleinen Imbiss kombiniert. Nikolaj wirft ein paar der herumliegenden Holzscheite in den Ofen und entfacht ein wärmendes Feuer, während die Frauen ihr mitgebrachtes Essen auf dem Tisch ausbreiten. Ich bin aufgefordert, mich zu bedienen, und greife mir die eine oder andere hausgemachte Leckerei. Es herrscht eine freundliche familiäre Atmosphäre, als wäre ich ein alter Bekannter, zu Gast an einem vertrauten Ort. In dieser Abgeschiedenheit ist sich niemand fremd, hier gehen alle aufeinander zu und erkundigen sich nach dem Wohl des anderen. Es scheint ein ungeschriebenes Gesetz zu geben, das mir schon auf früheren Russlandreisen vor Augen geführt wurde: je abgeschiedener ein Gebiet, desto größer die Hilfsbereitschaft der dort lebenden Menschen. Und so kommt es, dass ich mich hier draußen, weitab jeglicher Zivilisation, zuweilen sicherer fühl, als in den infrastrukturell gut erschlossenen Gegenden Europas. Sicherheit ist ohnehin nur ein Gefühl, ein Gegenspieler der Angst. Vertrauen hilft. Und hier sind es die Menschen, denen ich vorbehaltlos vertraue.

Nach einer guten halben Stunde packen sie wieder ein und machen sich auf den Weg, weiter in Richtung Chandyga. Das, was vom Imbiss übrig geblieben ist, überlassen sie mir: eine Pirogge, drei Eier, einen Apfel, eine Birne, Mandarinen. Über jeden Bonus bin ich dankbar! Die Hüttentemperatur ist inzwischen von −8 auf +10 °C angestiegen – viel zu warm! Ich lasse die Tür ein wenig offen, um im dicken Winterschlafsack keinen Hitzekoller zu erleiden. Die klare Frostluft ... Ja, sie hat auch etwas Angenehmes. Die große Kälte soll ruhig kommen. Ich spüre, ich bin bereit! Und schon sind sie wieder da, die Bilder von den winterlichen Szenen – mit mir, allein, ausgesetzt, den Naturgewalten trotzend. Unbeirrt, unermüdlich, unaufhaltsam schleiche ich mich wieder hinüber in eine schläfrige Gedankenwelt. Eine, die mich mental auf all das vorzubereiten scheint, was mir in der realen Welt tatsächlich noch widerfahren könnte.

Als ich mich am nächsten Tag aufs Rad schwinge, hat die Sonne ihren höchsten Stand schon hinter sich. Den Schlitten habe ich wieder eingepackt, ich muss ihn schonen, denn er hat bereits ein Loch. Auf der Piste ragen einfach zu viele Steine durch den festgefahrenen Schneepanzer. Nun bin ich gezwungen, die gesamten 80 bis 90 Kilogramm Gepäck direkt am Rad zu befestigen. Es gelingt, auch wenn das Gefährt jetzt aussieht wie ein Eselskarren. Ich rolle weiter am Gebirgsrand entlang, auf und ab, diesmal jedoch mit weniger Ausblicken. Es ist immer noch unglaublich mild: +2 °C zeigt das Thermometer. Aber der Wind hat aufgefrischt, lässt die Wipfel der kahlen Lärchenwälder schwanken. Stürmische Böen fegen die Wegschneise hinab, wirbeln Pulverschnee über die Piste. Erst am Abend kommt wieder Ruhe in die Atmosphäre, und die Temperatur

Die erste Nacht verbringe ich in einer leer stehenden Blockhütte, doch dann bekomme ich nächtlichen Besuch …

Zu Gast bei den Jägern Pavel und Semjon.

sackt ruckzuck auf unter –10 °C. Sobald die Sonne an Kraft einbüßt und der Wind einschläft, kühlt es sich bodennah schnell ab. In der Höhe jedoch bleibt die Luft noch länger mild und deckelt die darunterliegende Kaltluft regelrecht ab – eine thermale Inversion entsteht. Als die Sonne untergeht, bekomme ich die Grenzschicht der unterschiedlich temperierten Luftmassen zu sehen. Sie wirkt wie ein Spiegel und lässt die Sonne in jenem Moment wieder aufgehen, als sie gerade dabei ist, am Horizont zu verschwinden. Ein skurriles Schauspiel, das etwa zehn Minuten andauert, ehe sich auch das Spiegelbild der untergegangenen Sonne verabschiedet.

Ich fahre weiter in die vom Mond erhellte Nacht. Bis etwa 8 Uhr versuche ich Strecke zu machen, den Tag so gut es geht auszunutzen. Erst dann will ich mich nach einem Schlafplatz umschauen. Laut Karte liegt wieder eine Hütte in Reichweite, die *Izbuschka* Menkjule am gleichnamigen Fluss. Als ich die Stelle erreiche, eröffnet sich mir ein idyllischer Ort in einem stimmungsvollen Licht. Die Hütte scheint gut in Schuss, aber auch bewohnt zu sein. Als ich auf sie zugehe, um einen Blick hineinzuwerfen, bemerke ich im letzten Moment einen schwachen Lichtschein aus einem der Fenster. Hmm, mag ja sein, dass die Einheimischen keine Hemmungen haben, mitten in der Nacht einen Fremden zu begrüßen, aber mir widerstrebt es, mich um diese Zeit selbst einzuladen. Ich hab ja keine Not, also lasse ich die Leute einfach in Ruhe und suche mir einen Platz unter dem schönen Sternenhimmel. Aber ein Foto muss noch sein von dieser rustikalen Szenerie, die wie aus einer anderen Zeit erscheint. Und so schraube ich kurzerhand meine Pentax aufs Stativ, um mit einer Langzeitbelichtung die Hütte im Mondlicht auf meine Speicherkarte zu bannen. Just in dem Moment geht die Tür auf und zwei Männer treten ins Freie. Sie haben mich bemerkt, als ich kurz meine Kopflampe aufleuchten ließ, und rufen nun irgendwas in meine Richtung. Also gut, dann machen wir uns doch noch bekannt. »Bist du der Radfahrer, von dem alle erzählen?« – »Ja, der bin ich.« – »Komm rein und sei unser Gast!« So schnell, so einfach kann es gehen. Und ich weiß, dass solche Einladungen, einmal ausgesprochen, immer ernst gemeint sind, sie auszuschlagen sogar unhöflich wäre.

Semjon und Pavel sind vom kleinen indigenen Volk der Ewenen, einer halbnomadisch lebenden Minderheit, die auch heute noch in großem Stil mit Rentieren umherzieht. Pavel aber ist wie Semjon Trassenarbeiter und Jäger, er hat zwei Söhne, einer lebt in Moskau, der andere in Novosibirsk. In Europa war er auch schon einmal, hat Berlin gesehen und den Eifelturm von Paris. Aber eigentlich träumt er wie Semjon von einer Safari in Afrika, die Jagd sei ihr Adrenalin. Was sie hier jagen? *Oleny* – Hirsche, offenbar auch wilde Rentiere. Und so gibt es zum Abendessen gebratenes Rentierfleisch und als Vorspeise rohes Gehirn – eine ewenische Delikatesse ... Aus Höflichkeit probiere ich ein bisschen, doch was daran so delikat sein soll, will sich mir nicht erschließen. Das fettige Fleisch hingegen schmeckt vorzüglich und liefert die nötige Energie, ohne die man in diesem Land zu dieser Jahreszeit nicht überleben könnte. Dann zeigen mir die beiden ihr Schlaflager. Ein Bett ist noch frei, allerdings ohne Decke. Doch die braucht man hier sowieso nicht, der Raum ist mal wieder vollkommen überhitzt. So wie ich bin, lege ich mich auf die Seite und wälze mich mehr schlecht als recht in den Schlaf. Gegen 2 Uhr nachts kommt der nächste Besuch. Das scheint hier gang und gäbe zu sein, denn auch dieser wird ganz selbstverständlich willkommen geheißen und mit dem restlichen Rentierfleisch beköstigt. Offenbar ist diese Hütte eine Art Raststätte für durchkommende Fernfahrer. Das erklärt die vielen Betten und die unkomplizierte Bewirtung nächtlicher Besucher.

Pavel beim Zerlegen eines Rentierschädels. Hirn und Augen (links auf dem Tisch) sind den Gästen vorbehalten.

Am nächsten Morgen sitzen wir zu fünft in der kleinen Essnische. Pavel heizt den Ofen an, holt von draußen einen Rentierkopf ins Haus und platziert ihn so, dass er allmählich auftaut. Im Oktober hatte er das Tier geschossen, seitdem lag der abgetrennte Kopf tiefgefroren im Schnee vor der Hütte. Jetzt aber sei endlich der Moment gekommen, ihn zu verwerten, den besonderen Gästen zu Ehren. Während wir am Tisch bei einer Tasse Tee etwas Brot mit Margarine, Wurst und Blaubeermus frühstücken, legt Pavel den aufgetauten Kopf auf den Hüttenboden, zieht das Fell ab, entfernt die Augen und hackt mit einem Beil die Schädeldecke auf. Darauf haben wir alle gewartet – Nachschub an rohem Gehirn! Doch diesmal versucht man mir eine andere ewenische Delikatesse schmackhaft zu machen: die Augen. Ich lehne dankend ab und bin froh, dass es noch zwei andere Gäste gibt, die darauf brennen, die glibbrigen Glaskörper wie Bonbons auszulutschen. Normalerweise mache ich ja so einiges mit, aber hierzu konnte ich mich dann doch nicht durchringen. Mir reicht es, die vergnügten Gesichter der beiden Durchreisenden zu sehen.

INS WERCHOJANSKER GEBIRGE

Entlang des Flusses Tompo tauche ich nun tiefer in den Werchojansker Gebirgszug ein. Der Trott meines Radreisealltags wird allmählich zur Gewohnheit, und so spüre ich auch, wie sich Stück für Stück meine Leistung bessert. Kleine Anstiege fahre ich inzwischen problemlos hinauf, was bisher nur mit Atemnot und Herzrasen gelang. Das angepeilte Tagessoll von 50 Kilometern bleibt jedoch weiterhin unerreicht, 30 bis 40 schaffe ich aktuell, mehr ist nicht drin hier im Bergland. Ich bin gespannt, wie ich vorankomme, wenn die jahreszeittypische Kälte zurückkehrt. Seitdem der Wind kein Thema mehr ist, geht es mit den Temperaturen kontinuierlich abwärts. Abendliche Werte um –20 °C sind jetzt der neue Standard. So auch heute, an meinem vierten Tag auf der Piste.

Seit Stunden grieselt es feine Eiskrümel von einem diffus durchleuchteten Himmel, der erst jetzt im hellen Mondschein allmählich aufzuklaren scheint. Doch obwohl ich schon etliche Sterne erkennen kann, krümelt es unaufhörlich weiter. Licht bricht sich in den glitzernden Eiskristallen. Ein kontrastvoller Haloring erscheint, umrahmt den Mond, als wolle er sich vergrößern. Fasziniert blicke ich immer wieder hinauf zu dieser surrealen Szenerie. Sie hat etwas Magisches und lässt mich mehr innehalten als vorwärtskommen. An einer kleinen Freifläche mit Blick auf die umliegenden Berge entscheide ich mich zu bleiben. Hier will ich mein Zelt aufschlagen und die Nacht verbringen. Um nicht auszukühlen, wechsle ich nach altbewährtem Prinzip von meinen Wanderschuhen in richtige Winterstiefel mit herausnehmbaren Innenschuhen und ziehe mir eine isolierende Skihose und eine dicke Jacke über.

Es ist keine hochwertige Ausrüstung. Wahrscheinlich würde niemand außer mir damit eine Winterreise durch Sibirien unternehmen. Die Skihose ist schon alt, ausrangiert von einem Kumpel, die Jacke ein Erbstück von einem Bangladescher, der zu Studienzeiten mit mir in einer Wohnheim-WG wohnte. Er hatte sich die Jacke damals bei *H&M* für den Berliner Winter gekauft, jetzt schützt sie mich vor den eisigen Nachttemperaturen des russischen Winters. Während meiner letzten Winterreise, die mich vor sieben Jahren in das europäische Nordrussland führte, hat sie mich auch bei –50 °C noch ausreichend gewärmt. Sie war damit deutlich besser als das Vorgängermodell: eine alte Arbeiterjacke, die ich vorn nicht mehr schließen konnte und die meine Omi eigentlich schon für die Kleidersammlung bestimmt hatte. »Warte! Die könnte ich noch gebrau-

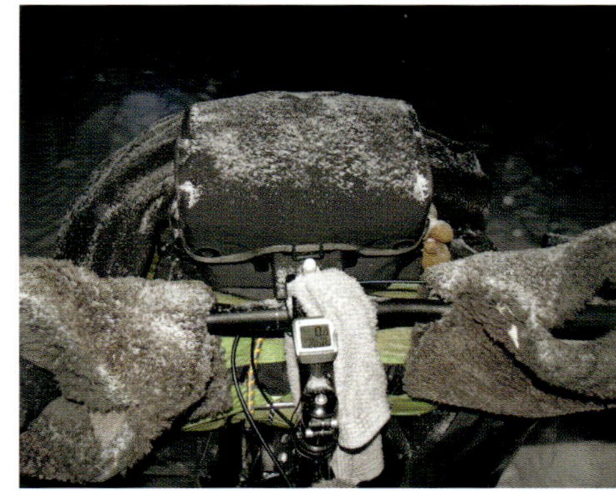

Feiner Schneefall krümelt vom monderhellten Himmel.

Malerischer Zeltplatz im Werchojansker Gebirge.

chen!«, hab ich ihr damals gesagt, und obwohl sie nie dafür bestimmt war, hat sie mich auch die kältesten Nächte in Skandinavien 2004 und Westsibirien 2008 überstehen lassen. Genauso wie die damalige Skihose aus Kinderzeiten, die noch gerade so gepasst hat, aber Gefahr lief, am Gesäß aufzureißen, sobald ich in die Hocke ging ... Während der Studienzeit hatte ich nie genug Geld, um es einfach nur für mehr Komfort rauszuwerfen. Jedes Jahr stand ich vor der Frage: Nutze ich mein Angespartes, um davon bessere Ausrüstung zu kaufen, oder mache ich damit eine Reise? Ich habe mich immer für die Reise entschieden. Zumal ich bis dato immer mit dem klargekommen bin, was mir unmittelbar zur Verfügung stand. Deshalb sah ich auch diesmal keinen Grund, in neue Ausrüstung zu investieren, und schlage mich noch immer mit der Bekleidung herum, die ich mir für die Winterreise 2010 zusammengestellt hatte.

Warm eingepackt, grabe ich mich als Nächstes durch den knietiefen Pulverschnee zu meinem auserkorenen Schlafplatz. Direkt zu Füßen einer krummen Lärche, die dem gewählten Ort einen rustikalen Charme verleiht und meinem schwer bepackten Rad zugleich eine gute Stütze scheint. Ich liebe solche Lagerplätze – Plätze mit Charakter, die den pragmatischen und ästhetischen Ansprüchen gleichermaßen gerecht werden. Immerhin verbringe ich auch die meiste Zeit an solchen Orten. Um mich zu erholen, Energie zu tanken, mich auf den nächsten Tag vorzubereiten. Ich möchte behaupten, dass die selbst gewählten Nachtlager den prägendsten Anteil meines Reiseerlebnisses ausmachen. Sind sie doch Ausdruck meiner Freiheit, stets selbst entscheiden zu können, wo und wie ich verweilen möchte. Und vielleicht sogar ein Spiegel meiner Sehnsüchte, die mich – von den jeweiligen Stimmungen getragen – immer wieder dort hinführen, wo es mir am besten gefällt.

Nachdem ich eine Fläche für das Zelt breitgetreten habe, hole ich mein Gepäck und das Rad an den Platz. Ich habe das erste Mal ein Tunnelzelt dabei, ein geräumiges mit großem Vorzelt, um auch bei widrigen Wetterverhältnissen im geschützten Zeltinneren kochen zu können. Es ist eine Leihgabe der Berliner Zeltfirma *Wechsel Tents*, der ich im Gegenzug ein paar schöne Fotos von der Reise versprochen habe. Es bietet auf jeden Fall genügend Raum, allerdings muss ich es immer spannen, damit es nicht in sich zusammenfällt. Und so gibt es auch schon das erste Problem: Im lockeren Pulverschnee wollen die Schneeheringe nicht halten. Ich muss kleine Haufen zusammendrücken, die durch Sinterprozesse irgendwann fest genug sind, dass der Hering darin stecken bleibt. Wie das bei starken Winden funktionieren soll, ist mir noch schleierhaft. Heute ist es zum Glück windstill, und das dürftig gespannte Zelt bleibt stehen.

Am nächsten Morgen begrüßt mich die Sonne mit weißen waagerechten und senkrechten Linien, die eine Art Himmelskreuz bilden, auf dem links und rechts leuchtende Farbtupfer sitzen, sogenannte Nebensonnen. Mit dieser Haloerscheinung im Rücken fahre ich weiter dem Pass Bol'schoj Ol'tschan entgegen. Es führt kein Weg daran vorbei, obwohl man auf der anderen Seite wieder in das Flusstal des Tompo gelangt. Dieser Pass scheint die einzige Möglichkeit zu sein, die Schluchten des wilden Flusslaufs zu umgehen. Und so steige ich höher und höher. Flache Anstiege fahre ich, steilere schiebe ich. Da kaum Wind weht, wird mir schnell warm. Um nicht zu sehr ins Schwitzen zu geraten, bewege ich mich schon bald nur noch mit einem Pullover bekleidet durch den –10 °C kalten Nachmittag. Eigentlich sollte ich immer sofort pausieren, sobald ich am Rücken schwitze. Eine Eiskruste könnte sich bilden, die in der äußeren Kleidungsschicht bestehen bleibt und bei dauerhaftem Aufenthalt im Freien nicht mehr wegzubekommen ist.

Erfahrungsgemäß passiert das aber erst bei Temperaturen um –15 °C und niedriger.

Vor sieben Jahren, bei meiner letzten längeren Winterradreise, als ich den europäischen Norden Russlands per Rad durchquerte, vereiste meine Kleidung schon am ersten Tag. Bei –30 °C fuhr ich durch hügelige Taiga immer wieder steile Anstiege hoch. Ich hatte lediglich zwei Fleecejacken übereinandergezogen, um nicht allzu sehr ins Schwitzen zu geraten. Doch auch so dünn bekleidet ließ es sich nicht vermeiden, sodass irgendwann die äußere Jacke am Rücken hart wie ein Brett wurde. In der Hoffnung, das Eis mithilfe der eigenen Körperwärme zum Schmelzen zu bringen, behielt ich die Jacke über Nacht im Schlafsack an. Doch sie taute nicht auf, die Nullgradgrenze blieb wegen der nächtlichen Kälte von unter –40 °C und der schlecht isolierenden Schlafsackkombination irgendwo in den tieferen Kleidungsschichten. Und da auch tagsüber die Temperaturen permanent unter –20 °C blieben, musste ich mich ganze acht Tage mit einer vereisten Jacke herumschlagen. Erst ein Dorf mit einer warmen Unterkunft schaffte Abhilfe. Aber – und das war damals die wichtigste Erkenntnis: Auch vereiste Kleidung schützt! Nicht so effektiv und auch nicht so komfortabel, aber sie schützt. Zumindest so lange die unterste Schicht, die direkten Kontakt mit der Haut hat, trocken bleibt.

Im Moment sind die Bedingungen moderat, und ich muss mir keine Sorgen machen. Schritt um Schritt arbeite ich mich stoisch zum Pass hinauf. Als ich die Baumgrenze überquere, schlängelt sich der Weg in etlichen Spitzkehren die letzten Höhenmeter hoch. Die Ausblicke werden immer besser, erhaben schaue ich über das weite Bergland. Schroffe Gipfel, allesamt kahl und komplett weiß verschneit, reihen sich in mehreren Ketten bis an den Horizont. Ein gewaltiges Gebirge – menschenleer! Schließlich versinkt die Sonne hinter einer der weit entfernten Anhöhen, und die Dämmerung bricht herein. Ein faszinierendes Licht legt sich über die stille Gebirgslandschaft, lässt sie märchenhaft erscheinen. Kontrastvoll erhebt sich am Osthimmel ein sattes Blau, während die schneebedeckten Berggipfel am darunterliegenden Horizont noch das Dämmerlicht des Westens reflektieren. Eindrucksvoller könnte sie kaum sein: die Blaue Stunde.

Genau in diesem Licht erreiche ich die Passhöhe in 870 Meter Höhe. Ein steinerner Hirsch markiert den Bergsattel, stolz blickt das bewegungslose Tier in die Ferne. Bunte Stofffetzen hängen an ihm, als wäre er ein heiliger Baum. Als ich näherkomme, sehe ich auch, dass der Sockel umgeben ist von allerlei Opfergaben: Zigaretten, Münzen, Süßigkeiten ... Sogar eine Armbanduhr hat jemand dagelassen. Und wie sollte es auch anders sein: leere Wodkaflaschen. Solche Orte kannte ich bisher nur aus Südsibirien und der Mongolei, wo der buddhistisch-schamanistische Glaube noch stark vertreten ist. Auf jedem Pass und so manchen Anhöhen findet man dort Steinhaufen, *Ovoos* oder auch *Obos* genannt, die ähnlich bunt verziert sind mit Gebetstüchern und entsprechenden Opfergaben. Jeder, der an solch einem heiligen Ort vorbeikommt, hält kurz an, umrundet diesen Platz dreimal im Uhrzeigersinn und wirft mit jeder Runde einen Stein hinzu oder hinterlässt eine Kleinigkeit als Opfer an die Geister des Landes. Wer es eilig hat, der kann den Geistern auch im Auto sitzend die Ehre erweisen, indem er im Vorbeifahren hupt oder eine Münze aus dem offenen Fenster schnipst. So habe ich es zumindest in Burjatien erlebt. Auch ich hinterlasse eine kleine Opfergabe, eine Fünf-Rubel-Münze, um mich mit den Geistern des Landes gut zu stellen. Hier draußen, wo ich ganz auf mich allein gestellt den Kräften der Natur vollends ausgeliefert bin, fühle ich eine starke Verbundenheit zu dem Land

Während ich die Stimmung dieses Ortes auf mich wirken lasse, spüre ich, wie eine schneidende Kälte durch meine Fleecejacke kriecht. Ein Blick aufs Thermometer verrät, dass mir eine frische Abfahrt bevorsteht.

und seiner Seele, einschließlich der Glaubenswelt und der Gebräuche der hiesigen Bewohner.

Während ich die Stimmung dieses Ortes auf mich wirken lasse, spüre ich, wie eine schneidende Kälte durch meine Fleecejacke kriecht. Ein Blick aufs Thermometer verrät, dass mir eine frische Abfahrt bevorsteht. Schon jetzt geht es auf –20 °C zu. Ich muss mich unbedingt bewegen, um wieder warm zu werden. Und ich sollte mich schleunigst einpacken, so wie bei der Ankunft am Lagerplatz, denn sonst würde ich erbarmungslos auskühlen. Ich krame Skihose und Winterjacke heraus und mache mich startklar für eine eisige Weiterfahrt. Mit hochgezogener Gesichtsmaske und zugekniffenen Augen rolle ich schließlich in das Blau der Abenddämmerung – auf dem letzten Stück Schotterpiste dem Ewenendorf Topolinoe entgegen.

3

EISGEBADET NACH TOPOLINOE

TAG 5, KILOMETER 159

Die Nacht ist inzwischen zu einem zweiten Tag geworden. Kaltes Sonnenlicht, reflektiert vom fast vollen Mond, erhellt die vom Schnee verhüllte Lärchentaiga. Durch den schmalen Schlitz meiner vereisten Gesichtsmaske betrachte ich die bergige Landschaft. Wie aus einem Traum erscheint sie, als wäre all das, was ich sehe, nur ein Bild in meinem Kopf und ich nicht wirklich da. Doch ich spüre den beißenden Fahrtwind, der mir Tränen in die Augen treibt, höre das gedämpfte Knirschen des Schnees unter den rollenden Rädern und spüre die Unebenheiten, die sich über die holprigen Erschütterungen auf meinen Körper übertragen. Meine Hände stecken geschützt in Lenkerstulpen, die ich mir vor sieben Jahren aus alten Lammfell-Autositzbezügen nähte. Es sind effektive Windstopper, die mich bei jeder Temperatur mit einfachen Fleecefingerhandschuhen fahren

Nächtliche Radwanderung: Um den Tag voll auszunutzen, fahre ich immer bis spät in den Abend hinein.

lassen. Auch Schalten und Bremsen ist innerhalb der Felltaschen möglich. Fäustlinge kommen oft erst am Lagerplatz zum Einsatz.

Als ich an einer Lichtung anhalte, um nach einem geeigneten Platz zu schauen, ist es schon –27 °C kalt. Eine freigetretene Fläche liegt vor mir, mit einer Vielzahl von Spuren, wahrscheinlich von Rentieren. Eine willkommene Gelegenheit, abseits des Weges zu nächtigen, ohne lange Pfade durch den knietiefen Schnee treten zu müssen. Ich will gerade mein Rad abpacken, als ich auf dem Weg hinter mir einen Lichtschein aufleuchten sehe. Ein Auto nähert sich, also warte ich noch, um es passieren zu lassen, damit sich nicht wieder herumspricht, wo ich übernachte.

Als die Fahrer mich sehen, halten sie natürlich an und stellen mir die üblichen Fragen: *»Otkuda? Kuda? Potschemu? Molodets!«* – »Woher? Wohin? Warum? Alle Achtung!« Dann erzählen sie mir, dass sie gerade eben, kurz vor unserem Treffen, drei Wölfe auf der Fahrbahn gesehen haben. Wölfe? In diesem Moment? Nur wenige Hundert Meter entfernt? Wieso tauchen die Tiere vor einem lärmenden Auto auf, nicht aber vor einem still dahinrollenden Fahrrad? Ich habe ja schon viel Zeit in der russischen Taiga verbracht, aber noch nie einen Wolf gesehen. Obwohl, einmal vielleicht doch, auf meiner ersten Jakutien-Reise vor zehn Jahren. An einem windigen Tag, als die Geräusche des Waldes die eines Radfahrers überlagerten, da sah ich einmal ein Tier vor mir her trotten, das einem Wolf sehr ähnlich war. Es könnte aber auch ein wilder Hund gewesen sein. Doch weil er in dem Moment, als er mich bemerkte, sofort Reißaus nahm, vermute ich, dass es ein Wolf war. Wölfe sind äußerst scheue Tiere, die jeglichen Begegnungen mit dem Menschen aus dem Weg gehen, ihn allenfalls aus der Ferne beobachten und sich nur zeigen, wenn sie gesehen werden wollen. Aber genau das macht es manchmal auch unheimlich, wenn man weiß, dass Wölfe in der Nähe sind, aber *nicht* weiß, was sie im Schilde führen. In Südsibirien, im tuwinischen Tannu-ola-Gebirge an der Grenze zur Mongolei, hatte ich mal vor drei Jahren so eine Situation. Drei Tage lang hörte ich immer wieder das Heulen eines Rudels, stets in meiner Nähe, egal wo ich war, auch tagsüber. Es schien, dass die Tiere mich verfolgten, mich beobachteten, aber gesehen habe ich sie kein einziges Mal.

Und jetzt? Bisher habe ich noch nichts gehört und im Schnee auch keine Spuren gesehen. Lediglich die Geschichte dieser Leute macht mir bewusst, dass ich auch in der menschenleeren Taiga nicht wirklich allein bin. Aber was soll schon passieren? Ich denke positiv und vertraue darauf, dass die Scheu der Wölfe auch für einen im Schnee schlafenden Radfahrer gilt. Alles, was ungewöhnlich, nicht einschätzbar ist, hält die Tiere in der Regel auf Abstand. Und wenn nicht, bin ich bereit, mich ihnen entschlossen entgegenzustellen. So wie einst dem Bären, der urplötzlich aus dem Unterholz mit aufgerissenem Maul auf mich zupreschte, während ich nichts ahnend einen flachen Flussarm zum Ochotskischen Meer hinuntertrieb. In dieser Situation hatte ich keine Zeit, keine Chance, nach einem Abwehrmittel zu greifen oder nachzudenken, was hier die richtige Reaktion wäre. Mein Instinkt entschied und ließ mich intuitiv das Paddel hochreißen und den Bären anbrüllen. Das hat ihn dann womöglich gestoppt, direkt an der Uferlinie – nur drei Meter von mir entfernt ... Der hätte locker zu mir weiterrennen können, denn das Wasser war nur knie- bis oberschenkeltief. Da ich mich langsam flussabwärts treibend von ihm entfernte, setzte er noch ein paar Mal an, doch weiteres Gebrüll mit drohenden Paddelbewegungen hat ihn dann letztlich umdrehen lassen.

Und jetzt? Bisher habe ich noch nichts gehört und im Schnee auch keine Spuren gesehen. Lediglich die Geschichte dieser Leute macht mir bewusst, dass ich auch in der menschenleeren Taiga nicht wirklich allein bin. Aber was soll schon passieren?

Dass ich instinktiv so reagiert habe, liegt wohl daran, dass ich auf meinen früheren Radreisen immer wieder Begegnungen mit aggressiven Hunden hatte, die ich mit Drohgebärden aus dem Stand stets erfolgreich auf Distanz halten konnte. Anfangs als bewusste Reaktion, mit der Zeit auch intuitiv. Das funktionierte schließlich auch bei einem übermütigen jungen Yakbullen in Kirgistan, wobei mir sicher auch geholfen hat, dass ich mit dem bepackten Rad stets ein massiges Erscheinungsbild abgab. Durch die wiederholten – positiven – Erfahrungen hatte ich diese Reaktion irgendwann so weit verinnerlicht, dass sie mich auch bei einer Bärenattacke entschlossen auftreten ließ, anstatt panisch die Flucht zu ergreifen – was man bei einem Angriff, und sei es auch nur ein Scheinangriff, tunlichst vermeiden sollte. Entschlossenes Auftreten kann also ein wirksames Abwehrmittel sein, in überraschenden Situationen mitunter auch die letzte Chance, nicht zum Opfer zu werden. Vor allem dann, wenn man keine Waffe dabeihat oder nicht schnell genug darauf zugreifen kann.

Schon oft bin ich in der Taiga von durchfahrenden Truckern gefragt worden, ob ich ein Gewehr oder eine Pistole im Gepäck habe. »Nein, natürlich nicht«, hielt ich ihnen dann immer grinsend entgegen. »Außerdem bräuchte ich eine Lizenz, um eine Schusswaffe mit mir zu führen.« – »Aber was, wenn dir ein hungriger Bär begegnet?« – »Keine Sorge, ich hab noch ein Messer«, lautete dann meine schelmische Antwort, die zu einer gewissen Sprachlosigkeit führte, ob der Fragesteller sie nun ernst nahm oder nicht. Und so endete manch unbefangene Konversation rasch mit entsetzten Blicken, gefolgt von einem mitleidigen Kopfschütteln und einer orthodoxen Bekreuzigung. Für die meisten Fernfahrer ist es unvorstellbar, dass sich jemand allein und ohne Waffe den Gefahren der Taiga aussetzt. Da helfen auch keine Erklärungen, dass ich mit einer Waffe im Ernstfall nicht viel ausrichten könne und ich die Gefahr einer problematischen Wildtierbegegnung generell für sehr gering halte. In ihren Trucks, da können sie sich sicher fühlen, sie sind wie fahrende Käfige, die einen gewissen Schutz bieten vor all den mutmaßlichen Gefahren. Allein mit Fahrrad und Zelt, dazu noch freiwillig, bin ich in ihren Augen leichtsinnig, lebensmüde, todessehnsüchtig, kurzum ein gefundenes Fressen. Mit solch überzogenen Ängsten wurde ich auf meinen Reisen schon mehrfach konfrontiert, vor allem in Bezug auf Wölfe und Bären. Da hilft nur ein dickes Fell, um sich davon nicht zu sehr beeinflussen zu lassen. Und natürlich eine gewisse Zuversicht, die den persönlichen Erfahrungen entspringt. Nach inzwischen elf längeren Reisen durch die abgelegenen Gebiete Russlands wage ich zu behaupten, dass die Wahrscheinlichkeit, in der Taiga einem wilden Tier zum Opfer zu fallen, deutlich geringer ist, als auf heimischen Straßen in einen tödlichen Unfall verwickelt zu werden.

Mit dieser Überzeugung beruhige ich mich und bleibe bei meinem Entschluss, trotz »Wolfsgefahr« hier zu übernachten. Und so warte ich noch, bis die Rücklichter des weiterfahrenden Fahrzeugs hinter der nächsten Biegung verschwinden. Erst dann packe ich mein Rad ab und stapfe mit all meinem Gepäck zu der Stelle, die mir für das heutige Nachtlager bestens geeignet erscheint. Ich entscheide mich diesmal, ohne Zelt unter freiem Himmel zu schlafen. Es ist zwar knackig kalt, aber es ist auch das erste Mal trocken und windstill – ideale Bedingungen, um auf den Aufbau des Zeltes zu verzichten, was gerade bei tiefen Temperaturen mit mühsamer Fummelei verbunden ist. Ich breite einfach eine Plane aus, lege darauf ein Rentierfell und darauf meinen Schlafsack. Gegen Reifbeschlag von außen verwende ich noch die dünne Zeltunterlage als Zudecke, und fertig ist der Schlafplatz. Genau so habe ich während meiner letzten Winterreise durch Russlands Norden jede einzelne Nacht im Freien verbracht. Dreimal wollte ich damals das Zelt aufbauen, als sich ein Wetterwechsel mit Schneefall oder Wind andeutete. Aber da hatte ich mit dem Problem zu kämpfen, dass nichts mehr passen wollte. Die Kälte hatte die Spanngummis der Zeltstangen ausleiern lassen, und auch das Innenzelt war offenbar kältebedingt kleiner als die Zeltstangen. So war ich gezwungen, während der gesamten dreiwöchigen Winterradtour im Freien ohne Zelt zu übernachten. Sowohl in der Taiga als auch in der Tundra, bei Wind und Schneefällen und bei nächtlichen Tiefsttemperaturen von bis zu –50 °C.

Während ich damals noch zwei Kunstfaserschlafsäcke miteinander kombinierte – einen Winterschlafsack, der bis –10 °C geeignet war, abgedeckt mit einem Sommerschlafsack, der in 5 °C kühlen Herbstnächten noch gute Dienste leistete –, so habe ich diesmal einen richtig warmen Daunenschlafsack dabei, der mich auch bei unter –30 °C kein bisschen frieren lassen soll. Ausgeliehen von Sven, einem guten Kumpel, der damit vor einem Jahr über den gefrorenen Baikalsee gefahren ist. Mitgegeben hat er mir auch den passenden Innensack aus feuchtigkeitsabweisendem Material, eine Art Ganzkörperkondom, das als Dampfsperre eine Vereisung der Daune verhindern soll (auch *VBL-Sack* oder *Vapour Barrier Liner* genannt). Es ist jedes Mal ein aufwendiger Akt, bis ich mich in beide Säcke hineingezwängt und mit der Schutzplane abgedeckt habe. Zum Schluss noch der Reißverschluss, den ich mit ein paar Verrenkungen gerade so bis oben hin zugezogen bekomme. Erst dann komme ich zur Ruhe.

Eingerollt wie eine Roulade liege ich regungslos zwischen kahlen Lärchenbäumen und blicke voller Demut hinauf zum hellen Sternenhimmel. Es fühlt sich wunderbar an, niemals würde ich jetzt mit irgendjemandem tauschen! Umgekehrt wahrscheinlich auch niemand mit

*Alles spielt sich draußen ab:
Mahlzeiten zubereiten,
Schlafplatz herrichten …*

mir ... Aber warum auch? Ich lebe hier meinen Traum auf meine Weise. Und ich genieße es, all diese Erfahrungen zu machen, mich einzufügen in diese wundersame Winterwelt, als wäre sie mein Zuhause. Damit mir im Laufe der Nacht nicht das Gesicht abfriert, trage ich eine Schutzmaske aus Wolle mit nur drei kleinen Öffnungen für die Augen und den Mund. Dadurch ist mein Sichtfeld etwas eingeschränkt, aber immer noch besser, als wenn ich im Zelt liegend erst zum Eingang kriechen müsste, um zu schauen, wie es draußen aussieht. Jetzt brauche ich mich nur ein bisschen nach rechts zu drehen und blicke direkt in den Mond. Und wenn ich mich ein wenig aufrichte, kann ich sogar mein gesamtes Umfeld betrachten. Das ist der große Vorteil der Freiland-Übernachtungen – ohne störende Zeltwände ist es mir möglich, stets den Überblick zu behalten.

Als ich am nächsten Morgen aufwache, zeigt das Thermometer –33 °C. Seit sieben Jahren habe ich nicht mehr solche Kälte erlebt! Doch es fühlt sich kein bisschen unangenehm an. Mühsam öffne ich den Schlafsack und krieche ins Freie. Mir ist so warm, dass ich eine ganze Weile in den wenigen Klamotten, die ich nachts anbehalten habe, über den Lagerplatz stapfe. Derweil dampfe ich die gesamte Schwitzfeuchtigkeit ab, die sich in den Kleidungsschichten angestaut hat, da sie wegen des *Vapour Barrier Liners* nicht in den Schlafsack entweichen konnte. Das Prinzip funktioniert gut, der Daunenschlafsack bleibt trocken und bauschig, lediglich um den Kopfbereich kommt es durch die Atemluft zu etwas Eisansatz.

Mit einer Plastiktüte in der Hand gehe ich zu einer Freifläche und schaufle mir sauberen Schnee zusammen, um daraus Wasser für den obligatorischen Tee und das Frühstück zu tauen. Zu nah an den Bäumen wäre der Schnee mit zu vielen Lärchennadeln durchsetzt. Dann schmeiße ich den Benzinkocher an, einen *MSR Whisperlite*. Er funktioniert tadellos – zum Glück! Früher hat er bei solchen Temperaturen angefangen zu streiken. Ab –25 °C abwärts verhärteten sich Pumpenleder und Dichtungsringe, sodass in der Brennstoffflasche zunächst kein neuer Druck mehr erzeugt werden konnte. Und wenn es noch Druck gab, entwich dieser bei –30 °C abwärts. Das hatte zur Folge, dass die Flasche mitunter leckte und Benzin austrat, mit der Gefahr einer großen Stichflamme beim Anzünden. An solch kalten Abenden musste ich schon mehrfach kapitulieren und mich alternativ zur sonst üblichen Nudelsuppe mit gefrorener Wurst und Keksen begnügen. Über Nacht nahm ich dann die Brennstoffflasche mit in den Schlafsack, um sie bis zum Morgen wieder auf Betriebstemperatur zu bringen. Nur so war ich für kurze Zeit in der Lage, den Schnee für meinen überlebensnotwendigen Flüssigkeitsbedarf zu tauen. Das sind pro Tag etwa drei Liter – zwei Liter als Tee und ein Liter zum Aufkochen von zwei Trockenmahlzeiten. Als Notlösung käme zwar noch ein Feuer infrage, aber das funktioniert auch nur dort, wo genügend Brennholz in Reichweite ist.

All diese Probleme scheinen diesmal keine Rolle zu spielen, und so koche ich mir zum Frühstück in entspannter Gewohnheit meinen Haferbrei mit Rosinen. Um das Ganze mit ein paar Kalorien aufzupeppen, schneide ich schon mal eine zentimeterdicke Scheibe von der Butter ab. Bei diesen Temperaturen splittert sie wie Zartbitterschokolade. Während ich warte, bis der Brei fertig ist, lutsche ich ein paar der abgebrochenen Splitter pur. Jetzt, da ich den Umständen entsprechend anfange, nach energiereicher Nahrung zu gieren, ein unverschämter Genuss!

BEGINN DES ZIMNIKS

Am Nachmittag, 18 Kilometer weiter, erreiche ich endlich das Dorf Topolinoe. Es gibt ein paar Baracken mit

Autowracks, ein Heizhaus, leere Gassen ... Im Ortskern baut man an ein paar neuen Häusern. Irgendwo muss es auch ein *Magazin* geben – einen kleinen Laden, um Lebensmittel aufzustocken. Doch ich brauche nichts, meine Taschen sind nach nur einer Woche auf Achse noch immer übervoll. An Essen wird es bis Batagaj nicht mangeln. Also rolle ich geradewegs durch den Ort direkt zum Flussufer des Tompo. Hier beginnt er: der Zimnik! Hier wechselt die Straße vom Festland auf den gefrorenen Flusslauf, um weiter nach Norden in die sonst weglose Wildnis vorzustoßen. Eine euphorische Begeisterung erfasst mich, als unter den Rädern meines Fatbikes auf einmal ein rissiger Eispanzer auftaucht. Ein unbeschreibliches Gefühl, ab jetzt auf einem vereisten Fluss in diese abgelegene Bergwelt einzutauchen.

Ein kräftiger Wind pfeift garstig über die Eisfläche und wirbelt Schneefegen vor sich her. Zum Glück von hinten, sodass ich die ersten Kilometer des Offroad-Ritts voll und ganz genießen kann. Mit einer atemberaubenden Geschwindigkeit rausche ich dahin, nichts ahnend von dem Unheil, das mir immer näher kommt und mich in die gefährlichste Situation meiner Winterreise bringt ... Plötzlich ein Krachen, der Untergrund bricht! Zu spät bemerke ich, dass ich auf dünnes Eis geraten bin, und stürze in das kalte Wasser. Ein Schock durchfährt meine Glieder – Adrenalin, Herzrasen, höchste Konzentration! Ich habe Glück, unter mir befindet sich eine weitere Eisschicht, die trägt. Ich stehe lediglich in einer knietiefen Wasserlache. Immerhin: Ich stehe noch, bin nicht gefallen und halte wacker mein bepacktes Rad in Balance. Die Schuhe aber sind vollgelaufen, die Hosenbeine nass, auch die hinteren Fahrradtaschen sind ins Wasser getaucht. Jetzt bloß nicht ausrutschen und hinfallen! Meine noch trockenen Winterstiefel stecken in den Außentaschen. Wenn ich falle, habe ich keine Wechselschuhe mehr. Doch wie komme ich hier wieder raus? Ich muss die Fassung bewahren, nur keine Panik. Ich bin schon oft im Winter baden gegangen und weiß, dass ich es eine Weile im kalten Wasser aushalten kann. Das Zwiebelschalenprinzip der wärmenden Kleidungsschichten wirkt auch hier, und so spüre ich, dass die Kälte deutlich langsamer in den Körper kriecht, als wäre ich nackt ins Wasser gefallen.

Ich erinnere mich an einen Eiseinbruch, den ich vor einigen Jahren bewusst im Beisein eines Kumpels unter kontrollierten Bedingungen herbeigeführt habe. Um ein Gefühl dafür zu entwickeln, worauf ich achten muss, falls ich mal unvorbereitet in eine solche Situation geraten sollte. Die erste Erkenntnis: Selbst wenn man kerzengerade einbricht, gelangt man gar nicht so leicht unter das Eis. Der Auftrieb der luftgefüllten Wintersachen und intuitives Ausstrecken der Arme haben mich nur bis zum Hals eintauchen lassen. Die zweite Erkenntnis: Der Versuch, wieder auf tragfähiges Eis zu gelangen, sollte unbedingt an der Stelle erfolgen, wo man hergekommen ist. Das ist der sicherste und in der Regel auch kürzeste Weg, um möglichst schnell aus dem eisigen Wasser zu kommen. Und die dritte Erkenntnis: Man sollte so rasch es geht seine Sachen wechseln, noch bevor die Finger klamm werden, denn ab einem bestimmten Punkt wird man damit nicht mehr die nassen Sachen über den Körper ziehen oder einen vereisten Reißverschluss öffnen können. Sollte es so weit kommen, bleibt der Theorie nach nur noch laufen, laufen, laufen, um nicht weiter auszukühlen und beweglich zu bleiben, denn auch nasse Kleidung kann sich erwärmen und außen gefrorene vor Kälte schützen. Laufen, laufen – bis ins nächste Dorf oder zur nächstgelegenen Hütte. Oder direkt in den Wald, ein großes Feuer entfachen und sich allmählich an der Hitze der Flammen erwärmen und trocknen. Doch so etwas müsste vorbereitet sein. Mit Feuerzeug und Zunder, den man wasserdicht verpackt am Körper trägt, um ihn stets griffbereit zu haben.

Vereistes Rad und hartgefrorene Schuhe, kurz nachdem ich durch das Eis gebrochen bin.

Da ich all das schon einmal durchexerziert und gedanklich bis ins letzte Detail durchlebt habe, besinne ich mich schnell auf die richtigen Schritte, um mich aus dieser misslichen Lage zu befreien. Als Erstes drehe ich mich zu dem Eisrand, an dem ich auf kürzestem Weg wieder trockenen Grund erreichen kann. Doch einfach durchschieben geht nicht, dafür ist die Eisschicht zu dick. Ich muss das Vorderrad mehrfach anheben und auf das Eis aufsetzen, damit es bricht. So schaffe ich es, mich Schritt für Schritt zum Rand der Wasserlache durchzuarbeiten. Der Untergrund ist höllisch glatt, es kostet mich einige Mühe, nicht das Gleichgewicht zu verlieren. Aber mit jedem Schritt wird es leichter, die Wasserlache flacher, der Balanceakt kontrollierter. Als das Eis unter dem Vorderrad nicht mehr bricht, steige ich auf die Eiskante und hieve mein Rad aus dem Wasser. Ein kleines Stück schiebe ich es weg von der Stelle, dann werfe ich es auf die Seite und wechsle die durchnässten Wanderschuhe gegen die zum Glück trocken gebliebenen Winterstiefel. Die klatschnassen Socken werfe ich auf die Radspeichen, dort gefrieren sie in Sekundenschnelle und lassen sich am Ende kaum noch entfernen. Die Hose lasse ich an, die Beine sind eh schon hart gefroren und schützen auch in diesem Zustand vor dem eisigen Wind, der noch immer mit spürbarer Stärke über die Eisfläche weht, aber keinen Schnee mehr aufwirbelt. –13 °C zeigt das Thermometer, ich bin froh, dass es nicht noch kälter ist.

Obwohl ich mich noch nicht viel bewegt habe, kehrt schon etwas Wärme in die Füße zurück. Ich ziehe mir noch die dicke Jacke über, dann stiefle ich gegen den Wind zurück ins Dorf. Ich hatte erst dreieinhalb Kilometer auf der Eispiste zurückgelegt – ein weiterer glücklicher Umstand, denn so habe ich die Chance, mich in einem beheizten Quartier wieder aufzuwärmen und meine Sachen zu trocknen. An einem Feuer würde das sicher ewig dauern. Doch als ich loslaufe, merke ich, dass die Räder blockieren – die Scheibenbremsen sind eingefroren. Ich klopfe zuerst vorsichtig, dann etwas harscher an der Mechanik herum, bis sich das Ganze lockert. Die Räder drehen sich wieder, allerdings so schwergängig, als hätte ich weiterhin die Bremsen angezogen. Aber ich komme vorwärts, ohne etwas zurücklassen zu müssen. Nach einer Stunde bin ich zurück in Topolinoe und weiß, dass ich unbedingt auch mein Rad auftauen muss, sonst ist die Tour gelaufen. Ich besinne mich auf eine kurze Begegnung am Flussufer, kurz bevor ich auf die Eispiste wechselte. Da erzählte mir ein zufällig vorbeikommender Anwohner, er habe eine *Stolovaja,* ein kleines Straßenrestaurant, und ich solle doch mal vorbeischauen. Jetzt nehme ich das als Einladung und steuere direkt auf das Gebäude zu, das sich genau am Abzweig zum Zimnik befindet.

Als ich an die Tür klopfe, ist es schon dämmrig und –17 °C kalt. Sergej erkennt mich sofort wieder und heißt mich freudig willkommen. Ich trete hinein und erkläre ihm, was passiert ist und dass ich nicht nur für mich, sondern auch für mein Rad eine warme Bleibe für die Nacht benötige. »Kein Problem – hol es rein«, antwortet er in einem Selbstverständnis, wie ich es nur aus Russland kenne. »Du kannst hier auf einer Bank übernachten.« Es ist sonst niemand da, also wage ich es, ungeniert meine Sachen und Taschen zum Trocknen auszubreiten. Die nassen Wanderschuhe landen auf einem Heizungsrohr. Dann tischt mir Sergej auch schon eine deftige Mahlzeit auf: Rentiergulasch mit Reis und Borschtsch, einer traditionellen russischen Rote-Beete-Suppe. Bei laufendem Fernseher kommen wir ins Gespräch. Sergej erzählt mir, dass er sein »Kafe U Petrovitscha« vor acht Jahren eröffnet hat, um durchkommenden Truckfahrern eine letzte Anlaufstelle zu bieten, sich zu stärken und auszutauschen. Das Café wurde gut angenommen, hat aber auch nur im Winter geöffnet, solange die Eispiste frequentiert

Rettendes Café in Topolinoe.

Kräftiger Wind wirbelt Schnee über das dünne Eis des Tompo.

ist. Von Mitte Dezember bis Anfang Mai ist er hier und beköstigt die Durchreisenden mit wohlschmeckenden Speisen. Die Küche kann sich sehen lassen, sie ist schnell und gut. Als Nachtisch gibt es noch selbst gemachten Preiselbeerwodka mit gefrorenem *Tschir,* einem Fisch aus der Indigirka, gefolgt von einer Kostprobe Rentierkniegelee und Miniplinsen auf Preiselbeeren. Nach all dem Unbill ein Fest für die Sinne!

Wie sich herausstellt, ist auch Sergej einer, der Radreisen etwas abgewinnen kann, dazu noch ein hartgesottener. 2011 ist er mit sechs Freunden die Kolyma-Trasse von Jakutsk nach Magadan gefahren, inklusive der früheren, kaum noch befahrbaren Abkürzung über den Kältepol Ojmjakon, wo es etliche Fluss- und Sumpfpassagen zu bewältigen gibt. Und das zu einer Jahreszeit, in der sie ständig von hungrigen Mückenschwärmen gejagt wurden. 26 Tage benötigten sie für die 2.000 Kilometer lange Strecke. Er zeigt mir einen Zeitungsartikel, in dem über ihre Tour geschrieben wurde, holt Fotos hervor, die ihn und seine Kumpane bei Gruppenausflügen im Altai, in Novosibirsk und in Sankt Petersburg zeigen. Dann erzählt er mir von einer fahrzeugbegleiteten Radgruppe, die im Winter um das Jahr 2005 von Jakutsk nach Batagaj fuhr. Es ist die erste bestätigte Info, dass dieser Zimnik schon mal von Radfahrern begangen wurde – zumindest der Abschnitt bis Batagaj, wobei auch der Nachbarort Werchojansk ihr Ziel gewesen sein könnte. Es ist der zweite Kältepol der Nordhemisphäre, an dem wie in Ojmjakon einmal eine Tiefsttemperatur von –68 °C gemessen wurde (an beiden Stationen später korrigiert auf –71 °C). Nirgendwo auf der Welt wurde an einem permanent bewohnten Ort jemals eine tiefere Temperatur gemessen.

Bevor wir uns schlafen legen, schauen wir noch *127 Hours,* einen amerikanischen Film, der gerade im Satelliten-TV läuft. Es geht um einen verunglückten Kletterer, der von einem herabfallenden Felsbrocken eingeklemmt wird und sich aus Verzweiflung mit seinem Taschenmesser den rechten Unterarm abtrennt, um nicht jämmerlich zu verenden ... Was hatte ich doch für ein Glück, nur knietief ins Eis einzubrechen! Wäre die Wasserlache nur zehn Zentimeter tiefer gewesen, hätte ich es wahrscheinlich nicht geschafft, mein Rad herauszuheben, ohne dabei umzufallen.

4

OFFROAD DURCHS GEBIRGE

TAG 7, KILOMETER 204

Am nächsten Morgen füllt sich das Café. Kleine Gruppen von Truckern tauchen auf, um sich von Sergej ein deftiges Frühstück servieren zu lassen. Ich klinke mich mit ein und bestelle mir ein Omelett mit Wurst, als Nachtisch ein Stück Kuchen. Mein Fatbike sorgt für Aufsehen, es steht direkt neben der Eingangstür. Natürlich spricht sich schnell herum, wer der Besitzer des ungewöhnlichen Fortbewegungsmittels ist. Staunende Blicke richten sich auf mich, gefolgt von ersten Fragen. Einige hatten schon von mir gehört, nun werden es bald alle wissen.

Als endlich auch die Wanderschuhe trocken sind, mache ich mich wieder auf den Weg. Diesmal mit dem Wissen, dass es eine Ausweichstrecke neben dem Flusslauf gibt. Etwa einen Kilometer fahre ich noch mal über das Eis, dann sehe ich ein Schild, das im Schneewall auf der

Unberechenbare Eispisten im Werchojansker Gebirge.

Begegnung mit Rentiernomaden vom Volk der Ewenen.

rechten Seite steckt und auf einen Abzweig nach links verweist: »*Ob'ezd*« – »Umleitung«. Im Dämmerlicht des Vorabends muss ich es übersehen oder ignoriert haben, und den Grund dafür habe ich dann am eigenen Leib erfahren dürfen: Ein *Naled* versperrt die Durchfahrt auf dem Fluss. Als Naled bezeichnet man im Grunde jegliches *Aufeis,* bei dem sich Wasser zuerst oberflächlich sammelt und dann durchfriert, sozusagen von unten nach oben anwächst. Insofern kein wirkliches Hindernis, es sei denn, es befindet sich gerade im Entstehungsprozess. Auf mehreren Kilometern Länge ist das Wasser des Tompo an die Oberfläche getreten, überflutet die Eisdecke mit einer riesigen Wasserlache, die nun dabei ist zu gefrieren. In diesem Zwischenstadium der Eisbildung mit einem Truck dort durchzufahren wäre viel zu gefährlich, denn das Wasser könnte an manchen Stellen über einen Meter tief sein und die neue Eisschicht noch nicht ausreichend dick. Bricht ein Fahrzeug erst an einer kritischen Stelle ein, kann es schnell stecken bleiben. Also umgeht man solche Abschnitte, bis das Aufeis wieder tragfähig ist.

Das sind die Unwägbarkeiten, mit denen auf den Flüssen jederzeit gerechnet werden muss. Immerhin scheinen solche Aufeisbildungen immer wieder an der gleichen Stelle aufzutreten, sodass zumindest hier am Tompo schon eine passende Ausweichstrecke über Land geschaffen wurde, die jedoch wegen der teils steilen Anstiege gern gemieden wird. Über steinigen Grund geht es die Flussböschung hinauf zu einer fahrbaren Piste durch die ufernahe Taiga. Hin und wieder passiere ich Lichtungen, die mir einen Blick über das weite Flusstal erlauben. In der Ferne sehe ich einen Tanklaster, der halb eingebrochen im Eis steckt, offenbar wie ich überrumpelt von der instabilen Eissituation. Als die Ausweichstrecke nach acht Kilometern wieder hinab ins Flusstal führt, treffe ich auf eine kleine Gruppe Nomaden, die mit ihren Rentieren ein paar Schlittenrunden drehen, anscheinend nur zum Spaß, denn sie haben sichtlich Freude daran, die Tiere über die schneebefreite Eisfläche des weiterführenden Zimniks zu jagen. Kurz darauf drehen sie wieder ab und verschwinden dorthin, wo sie herkamen. Vermutlich Ewenen, die ganz in der Nähe ihr Lager haben. Gern wäre ich mitgegangen, um einen Einblick in ihren Lebensalltag zu bekommen. Doch ich bleibe auf dem Zimnik – zu groß ist die Verlockung, nun endlich auf dem Eis weiterzufahren. Leider wird dies bis zum Ende meiner Reise die einzige Begegnung mit Rentierzüchtern bleiben.

Die Delen'ja, ein Zufluss des Tompo, weist mir jetzt den Weg. Die Eislage scheint hier sicher zu sein. Obwohl der Schnee streckenweise wasserdurchtränkt aussieht, ist alles durchgefroren. An manchen schneefreien Stellen leuchtet das Flusseis sogar in einem auffälligen Türkisblau hervor. Am Abend jedoch treffe ich auf einen Fahrer, der mich vor dem nächsten Naled warnt. Ich weiche aus auf eine Piste, die durch die Aue eines kleinen Zuflusses führt. Auch hier ist die Alternative ausgeschildert. Doch niemand außer mir scheint diesen Umweg zu nehmen. Es geht auf und ab durch dunkle, irgendwie unheimliche Wälder. Wenn es nicht unbedingt sein muss, würde ich hier freiwillig nie mein Zelt aufstellen. Warum das so ist, kann ich mir nicht erklären. Es ist eine persönliche Empfindung, die mir sagt: »Geh weiter! Das hier ist kein Ort zum Verweilen.« Oft sind es gerade die dichten, unübersichtlichen Auwälder, die in mir dieses Gefühl hervorrufen. Genau in so einem Wald befand ich mich auch, als mich der Bär attackierte. Ob es an dieser Erfahrung liegt? Wohl kaum, denn so etwas habe ich auch schon vor der Begegnung gespürt.

Dann endlich eine Lichtung, die Ausweichpiste kehrt zurück auf das Eis der Delen'ja. Im Schein des Fastvollmondes eröffnet sich mir ein herrlich wildes Bergpanorama.

Verwinkelter Zimnik:
Um das unsichere Flusseis zu umgehen, geht es immer wieder ein Stück in die Berge hinein.

Ich fahre noch ein Stück, dann baue ich am Rande eines Canyons mein Zelt auf – direkt am Fluss zu Füßen einer hohen Felswand. Hier spüre ich, an einem besonderen Ort zu sein, und genieße die wildromantische Szenerie. Mir wird bewusst: Ich bin mitten in der Wildnis, dort, wo man im Sommer nur noch zu Fuß oder mit einem kleinen Schlauchboot weiterkommen würde!

Zwei Tage fahre ich auf dem Fluss nach Norden. Durch tiefe Schluchten geht es vorbei an schroffen Abbrüchen, die sich mit der Entfernung zu gewaltigen Berggipfeln erheben. Der gefrorene Flusslauf ist die perfekte Leitlinie, um dieses unwegsame Gebirge zu durchqueren. Keinerlei Anhöhen oder Pässe müssen überwunden werden, keine Engstellen, keine rutschigen Anstiege. Diese Straße hat die Natur gebaut, über Jahrtausende hinweg, durch den Kreislauf des Wassers. Wenn es abfließt, sucht es sich immer den Weg des geringsten Widerstandes, formt ihn um, ebnet ihn ein, gleicht ihn aus. Wasserläufe sind damit die idealen Linien, entlang derer man am einfachsten weite Wildnisgebiete durchqueren kann – sowohl im Sommer als auch im Winter. Und in einem Land, in dem die meiste Zeit des Jahres der Winter herrscht, ist ein gefrorener Fluss tatsächlich die beste Straße, die man wählen kann. Das Eis ersetzt den Asphalt, und es ist durchgehend eben, ohne dass irgendetwas von Menschenhand gebaut werden muss. Tausende Kilometer lange Schottertrassen sind überflüssig, denn auch diese müssen im Winter regelmäßig vom Schnee befreit werden. Zumal solche Trassen in dem harschen Klima schnell marode werden und entsprechende Ausbesserungsarbeiten sehr aufwendig sind. Das Kosten-Nutzen-Verhältnis wäre bei dem vergleichsweise geringen Verkehrsaufkommen eher schlecht als recht.

Auch für mein Vorankommen ist der Flusslauf ideal. Ich fliege geradezu über das Eis. Der Südwind hat erneut aufgefrischt und schiebt mich zusätzlich an. Es herrscht eine durchdringende Stille. Seit Topolinoe sind kaum noch Fahrzeuge unterwegs, entsprechend selten kommt es zu Begegnungen mit anderen Menschen. Hin und wieder erspähe ich am Ufer einzelne Blockhütten, eine schaue ich mir genauer an. Sie macht einen bewohnbaren Eindruck, doch niemand ist da. Eigentlich ein schöner Ort zum Übernachten, aber da es erst Nachmittag ist, fahre ich weiter. Ich will die guten Bedingungen ausnutzen, um endlich mal ein bisschen Strecke zu machen. Die Temperaturen haben sich inzwischen auf ein jahreszeittypisches Niveau eingepegelt – mit nächtlichen Tiefstwerten um –30 °C und tagsüber –15 bis maximal –10 °C.

BISSIGER FROST

Als ich am zweiten Abend in den Oberlauf der Delen'ja gelange, treffe ich auf eine vierköpfige Autoexpedition, die mit ihren zwei allradbetriebenen Ladas bis nach Werchojansk fahren will. Es ist die erste Begegnung mit Nichteinheimischen, denn die vier kommen aus dem Kemerover Gebiet, das sich in Südsibirien am Rande des Altais befindet. Und sie haben einen Auftrag: Auf den Eisstraßen ihre Fahrzeuge testen und für einen Wettbewerb einen Kurzfilm darüber drehen. Einer holt eine Kamera aus dem Auto und möchte mich interviewen. Ich frage, wie lange das dauern wird, da ich bei längerem Herumstehen anfange zu frieren. »Etwa 15 Minuten«, ist seine Antwort. Okay, dann muss ich mich nicht extra warm einkleiden. Doch schon bald gibt es ein paar technische Probleme, das Tonkabel scheint nichts zu übertragen. Es wird an der Kamera herumgefummelt, dann wieder ein Test – erneut keine Aufzeichnung ... Und so zieht sich das Ganze länger hin, als ursprünglich gedacht. Wie befürchtet, wird mir nun doch kalt. Viel zu spät ziehe ich mir eine dicke Jacke über, aber ohne Bewegung wird mir trotzdem nicht wärmer. Als die Jungs das bemer-

»Ich bin hier, um den jakutischen Winter zu erleben. Auf den Eisstraßen, die quer durch die Wildnis führen. Mich fasziniert, dass es hier riesige Naturräume ohne Städte und Menschen gibt. Man kann Hunderte Kilometer fahren, ohne eine Siedlung zu queren.«

ken, holen sie mich ins Auto und geben mir heißen Tee. Aber auch das hilft nicht wirklich, um den Wärmeverlust wieder wettzumachen. Ich müsste mich sofort warmfahren, doch das kann ich erst, nachdem das Interview im Kasten ist. Wir kommunizieren auf Englisch, das macht es für mich einfacher, eine ausführliche Antwort zu geben.

»Was führt dich hierher? Erzähl doch mal!«
»Ich bin hier, um den jakutischen Winter zu erleben. Auf den Eisstraßen, die quer durch die Wildnis führen. Mich fasziniert, dass es hier riesige Naturräume ohne Städte und Menschen gibt. Man kann Hunderte Kilometer fahren, ohne eine Siedlung zu queren.«

Das reicht schon, mehr muss ich nicht erzählen. Zum Abschied machen wir noch ein Gruppenfoto. Zwischen den allesamt um zwei Meter großen Kerlen komme ich mir vor wie ein Halbwüchsiger. Dann filmen sie noch, wie ich weiterfahre. Ich trete mächtig in die Pedale. Nach einer Stunde des Wartens habe ich Mühe, wieder auf Temperatur zu kommen. Aus dem Auto winken sie mir noch zu – in drei bis fünf Tagen kehren sie wieder um. Wahrscheinlich sehen wir uns dann wieder.

Eine nette Truppe, die vier! Aber sie haben mich in eine problematische Situation gebracht, in die ich allein nie geraten wäre. Mein oberstes Gebot im Winter – immer sofort auf die Signale des Körpers zu reagieren – konnte ich diesmal nicht einhalten, und nun bin ich so weit ausgekühlt, dass ich viel zu lange brauche, um wieder warm zu werden. Meine Füße fühlen sich an wie Eisklumpen und kühlen während der Fahrt noch weiter aus. Ich mache mir Sorgen, dass der Frost die Zehen erreicht, und bewege sie permanent hin und her. Doch so lange ich meine Kerntemperatur nicht hochbekomme, wird der Körper die Blutzirkulation auf die lebenswichtigen Organe

Eisstraße auf dem Fluss Delen’ja.

Am Abend treffe ich auf eine Lada-Expedition.

beschränken und Extremitäten wie Füße und Hände sich selbst überlassen. Es dauert etwa eine halbe Stunde, bis ich unter der dicken Jacke allmählich überhitze. Erst jetzt spüre ich, wie etwas Wärme in die Füße zurückkehrt.

Bei einem Blick aufs Thermometer sehe ich, dass es schon weit unter –20 °C sind. Die Kälte zwickt im Gesicht, als hätte sie das Potenzial, noch richtig tief in den Keller zu sacken. Mit Sicherheit wird es einen neuen Tiefstwert geben. Ausgerechnet jetzt, in diesem Zustand ... Mir ist überhaupt nicht danach, die Nacht im Freien zu verbringen. Eine Hütte wäre heute angebracht. An dem Punkt, an dem der Zimnik wieder den Fluss verlässt, scheint es laut Karte etwas zu geben. Vielleicht ist es die alte Goldgräberbasis Ust'-Nolutschu, von der ich mal in einem Bericht gelesen habe. Ob sie noch existiert? Sie ist nicht weit entfernt, in zwei Stunden könnte ich sie erreichen.

Wie schon hinter dem Pass Ol'tschan beginne ich bei Temperaturen um –25 °C stark zu vereisen. Die Gesichtsmaske aus luftigem Fleece setzt ordentlich Reif an und wird immer schwerer. Ich muss sie wiederholt hochziehen und neu positionieren, damit sie weiterhin meine Nase schützt. Die Augen jedoch bleiben der kalten Luft stets zugewandt, und im Fahrtwind schlägt sich die Feuchtigkeit der ausgeatmeten Luft auch an den Wimpern nieder. Es bilden sich regelrechte Eisperlen, die irgendwann so groß sind, dass sie beim Zwinkern oben und unten aneinanderfrieren. Das passiert meist nur dem Auge, an dem gerade die meiste Atemluft vorbeiströmt. Dann ist es für einen Moment zugefroren, und ich kann es erst wieder öffnen, nachdem ich die Eisperlen mit dem Finger an die gut durchblutete Wange gedrückt habe.

Als ich im Dunkeln die Stelle erreiche, an der ich die Goldgräberbasis Ust'-Nolutschu vermute, tauchen vor mir ein paar Lichter auf. Dazu Motorengeräusch, das mit einem hypnotischen Rattern die Stille der Nacht durchbricht. Eine Gruppe Trucker hat sich hier niedergelassen, um zu verschnaufen. Unmittelbar neben dem Parkplatz erspähe ich schließlich einige Hütten; allesamt liegen sie dunkel da, es scheint niemand anwesend zu sein. Hoffentlich sind es keine verfallenen Ruinen. Ich zerre mein Rad die steile Böschung hinauf und parke es vor dem Hauptgebäude, das einem Wohnhaus gleicht. Es gibt einen Vorraum, der an der Decke vollkommen vereist ist – Niederschlag, der entsteht, wenn feuchtwarme Raumluft ins frostige Freie entweicht. Ab und zu scheint hier also jemand zu wohnen. Ich gehe weiter ins Innere der Baracke. Es ist stockduster und kalt. Im Schein meiner Kopflampe erkenne ich einen großen Raum, der alles hat, was dem sibirischen Standard entspricht: einen Ofen, eine Essecke mit Tisch und Bänken und eine Pritsche zum Schlafen. Was will man mehr? Unter den gegebenen Bedingungen ist das der perfekte Unterschlupf!

Um den Raum etwas auszuleuchten, zünde ich eine Kerze an. Dann entfache ich im Ofen ein Feuer und hänge meine vereisten Kleidungsstücke zum Trocknen auf. Wie jeden Abend bei Ankunft wechsle ich aus meinen Wanderschuhen in die Winterstiefel. Damit die Wanderschuhe während der Fahrt nicht vereisen, habe ich mir Plastiktüten über die Füße gezogen. So wird die Schwitzfeuchtigkeit zurückgehalten und gelangt nicht in das isolierende Schuhmaterial. Am besten taugen Gefriertüten, die man über ein Paar dünne Socken zieht, die die Feuchtigkeit aufnehmen, und darüber dann noch ein Paar dicke Socken zur Isolation. Die feuchten Innensocken zieht man dann abends aus und trocknet sie über Nacht in den Hosentaschen. Ein bewährtes Konzept, mit dem ich schon auf meinen letzten beiden Winterradtouren durch Nordrussland und Westsibirien auch bei weniger als –30 °C meine Schuhe trocken und meine Füße halbwegs warmhalten konnte.

Doch als ich diesmal die Tüten abziehe, ist an den Spitzen der großen Zehen die Innensocke nicht feucht, sondern weiß vereist. Eine Reifkruste deutet an, dass es der Frost bis in den Fuß geschafft hat. Scheiße!!! Rasch ziehe ich die Socken ab und massiere meine Füße mit meinen am Hals vorgewärmten Händen. Sie schmerzen – ein gutes Zeichen. Gefühl ist also noch da, jedoch nicht an den besagten Zehenspitzen. Sie bleiben blass, die Durchblutung lässt auf sich warten ... Es ist das erste Mal, dass ich mir eine konkrete Erfrierung zugezogen habe. Nicht mal bei –50 °C ist mir das passiert. Immerhin: Sie ist nicht tief eingedrungen und betrifft nur den jeweils äußeren Rand, nicht den ganzen Zeh. Bleibt also zu hoffen, dass sich das Gewebe ohne Komplikationen regeneriert.

Gut, dass ich diese Nacht nicht im Freien verbringen muss! Als ich gegen Mitternacht kurz rausgehe, um im Licht des Vollmonds noch eine kleine Runde zu drehen, zeigt mein Thermometer schon –35 °C. Bis zum Morgen geht es noch bis fast –40 °C runter – es ist die kälteste Nacht der Tour. In der Hütte ist es deutlich wärmer. Mit dem Ofenfeuer habe ich es geschafft, sie von –20 auf –5 °C hochzuheizen.

WETTERSTATION IEMA

Die nächste Etappe führt mich über eine weitläufige Hochebene. Ich verlasse den Flusslauf und folge einer buckeligen Eispiste durch leicht hügelige Waldtundra. Wahrscheinlich ist hier im Sommer überall Sumpf und ein Durchkommen nur mit Kettenfahrzeugen möglich. Stellenweise gibt es tiefe Spurrillen, in denen ich wiederholt abrutsche und stürze. Spikes wären jetzt definitiv von Vorteil, da der Schnee überall glattgefahren ist. Auf meinen bisherigen Zimnik-Touren war glatter Untergrund nie das Problem, es gab immer eine lockere Schneeauflage, die für ausreichend Grip sorgte. Doch hier im kontinentalen Ostsibirien sind ausreichende Schneefälle so selten, dass ich ohne Spikes immer wieder ins Schlingern gerate. Mein einziger Trost: Auch die wenigen Lkw-Fahrer haben ihre Probleme, da sie über den unebenen Untergrund nur mit zehn Kilometern pro Stunde dahinschleichen können; damit sind sie kaum schneller als ich. Raser habe ich hier nicht zu befürchten ...

Um meine angeschlagenen Zehen zu schützen, bin ich das erste Mal auch tagsüber mit Winterstiefeln unterwegs. Lieber ein bisschen mehr schwitzen, als noch einmal die Kälte durchsickern lassen. Wenn ich mich ranhalte, könnte ich für die kommende Nacht wieder eine feste Unterkunft haben. Am See Emandzha soll es eine Wetterstation geben. Auf dem Weg dorthin überquere ich unmerklich eine kleine Passhöhe. Nicht der Rede wert, könnte man denken. Doch bei einem genaueren Blick auf die Karte bemerke ich, dass ich gerade über eine markante Wasserscheide gegangen bin – vom Einzugsgebiet der Lena ins Einzugsgebiet der Jana. Wenn an dieser Stelle in wenigen Wochen der Schnee anfängt zu schmelzen, wird sich das abfließende Wasser über Bäche und kleinere Flüsse direkt nach Norden in den großen Fluss Jana bewegen, der letztlich wie die Lena ins Polarmeer mündet. Ja, der Lauf des Wassers – er ebnet nicht nur die Täler, durch die sich mein Zimnik windet, er gibt jetzt auch meine Marschrichtung vor, als würde ich ab jetzt voll und ganz den Kräften der Natur folgen. Denn die Jana ist genau der Fluss, auf dem ich ab Batagaj weiterfahren werde, direkt dem Polarmeer entgegen.

In der Abenddämmerung liegt er dann vor mir: der See Emandzha. Von einer Anhöhe blicke ich auf eine weite weiße Ebene, die mir das tatsächliche Ausmaß des auf der Karte so klein wirkenden Gewässers deutlich macht. Ich rolle hinab zum Ufer und begebe mich auf seinen dicken Eispanzer. In der Ferne kann ich schon ein paar Lichter erkennen, ich steuere direkt auf sie zu. Als ich

Die kälteste Nacht der Tour mit fast −40 °C verbringe ich in der Hütte einer alten Goldgräberbasis.

näherkomme, taucht eine schwach beleuchtete urige Blockhütte aus dem Dunkel der Nacht auf. Sterne funkeln am Firmament, während am Horizont ein fahler Lichtschein den Aufgang des Mondes ankündigt. Eine stimmungsvolle Szenerie, wären da nicht noch ein Bauwagen, ein greller Scheinwerfer und das Rattern eines Generators ... Da ich aus dem Bauwagen Stimmen höre, klopfe ich hier zuerst an.

Ein bulliger Kerl öffnet und schaut mich fragend an. »Hallo! Gibt es hier noch Platz für einen Durchreisenden?« Es ist das erste Mal, dass ich mich selbst einlade und um eine Unterkunft bitte. Der Wagen ist auf jeden Fall schon voll. Mehrere Männer sitzen eng gedrängt bei Tisch und rauchen eine Zigarette nach der anderen. Nicht der Ort, an dem ich unbedingt eine Nacht verbringen möchte. »Geh mal drüben bei den Meteorologen fragen, die können dir bestimmt weiterhelfen.« Wie ich erfahre, haben die Leute hier nichts mit dem Wetter zu tun. Es sind Straßenarbeiter, die sich direkt neben der Wetterstation »Iema« eingerichtet haben, um von hier auszuschwärmen, den Weg zu kontrollieren und notfalls zu reparieren. Ich gehe rüber zur Blockhütte. Ein Hund schlägt an, seine Leine reicht bedrohlich nah an mich heran. Dann öffnet sich die Tür, noch bevor ich klopfen kann. Zwei junge Kerle in Schlappen treten heraus. Ich erkläre ihnen, wer ich bin, was ich hier mache und wiederhole meine Frage, ob ich für eine Nacht bleiben könne. »Klar, kein Problem. Komm rein!«, ist die schlichte Antwort, und es scheint, dass ich sie keineswegs überrumple.

Es ist verdammt heiß. Gerade jetzt, nach so vielen Tagen in der Kälte, spüre ich den Temperaturunterschied umso mehr. Ich ziehe mich bis auf das T-Shirt aus. Mein Gesicht glüht, und die Füße fühlen sich an wie aufgebläht, während die Erfrierungen wieder verstärkt zwicken. Aber ausruhen und zurücklehnen ist erst einmal nicht drin.

Mit den Meteorologen Andrej und Grigori an der Wetterstation Iema.

Die *Banja* wurde angeheizt und ist gleich fertig. Also machen wir uns alle bereit und gehen in die gegenüberliegende Schwitzhütte. Als ich den kleinen, auf etwa 80 °C hochgeheizten Raum betrete, laufe ich wie gegen eine Wand. Dann schüttet auch noch einer der Anwesenden eine Kelle Wasser über den bollernden Ofen. Heißer Dampf steigt in die Höhe, umkreist unsere Köpfe und lässt mir für einen Moment den Atem stocken. Lange halte ich es nicht aus und flüchte schon bald in den kühleren Vorraum, der in Russland klassischerweise auch der Ort zum Waschen ist. Hier gibt es Schüsseln mit kaltem und warmem Wasser, Seife und Lappen. Es ist für mich die erste Waschgelegenheit seit zehn Tagen, und ich nutze sie auch gleich, um ein paar der verschwitzten Sachen durchzuspülen.

Zurück im Haupthaus, gehen wir dann über zum Abendessen. Es gibt *Tuschonka* – Schweinefleisch aus der Konservendose. Dazu Brühe und eingelegten Hecht, den sie selbst aus dem See gefischt haben. Ich revanchiere mich mit einer deutschen Wachholdersalami und einem Preiselbeerwodka, den ich mit einem Brief von Sergej aus Topolinoe überreiche. Man kennt sich, schließlich sind sie so etwas wie Nachbarn, die sich dann aber aufgrund der Entfernung doch nicht so häufig sehen. Inzwischen habe auch ich mich mit den beiden gut angefreundet. Da ich während meines Studiums der Meteorologie und Geografie viele Jahre auf einer Wetterwarte arbeitete, sind Grigori und Andrej für mich wie Kollegen. Wir fachsimpeln über das Wetter und die Messmethoden, über die Arbeit und das Leben an einer derart abgelegenen Wetterstation. Grigori kommt wie Andrej aus Novosibirsk. Seit vier Jahren ist er schon hier, mit einigen Unterbrechungen. Zwischen den Wintern, wenn es keinen Zimnik und damit auch keinen Fahrzeugverkehr mehr gibt, ist die Station wie eine Insel komplett auf sich gestellt – ganze acht Monate lang! Die Vorräte für diese Zeit werden Ende März über die noch vorhandene Eispiste geliefert. Danach heißt es ausharren, bis der nächste Winter wieder die Flüsse gefrieren lässt und erste Fahrzeuge erneut bis hierhin vordringen können. Was sie in dieser Zeit machen? Durch die Natur streifen, angeln, lesen … Und natürlich das Wetter registrieren. Alle drei Stunden müssen sie ihre Beobachtungen und Messwerte per Funk übermitteln. Wie lange es diese Station schon gibt? Andrej schätzt, seit 1945. Genau weiß er es nicht.

Nach einer Weile schaut einer der jakutischen Straßenarbeiter vorbei, ein Freund von Grigori. Er war dabei, als Ende Januar nach wochenlangen Schneestürmen die verwehte Trasse zwischen Ust'-Kujga und Deputatskij geräumt werden musste. Hoch oben in der arktischen Tundra, wo ich auch noch hinwill. Er sagt, dass es lange Zeit kein Durchkommen gab, und zeigt auf seinem Handy Bilder von meterhohen Schneeverwehungen, versunkenen Straßenschildern und von klobigen Räumfahrzeugen, die sich durch die gewaltigen Schneemassen graben. Ja, so kann es da oben abgehen, das muss ich mir immer wieder vor Augen führen. Nur der Himmel weiß, ob der Weg nach Tiksi frei ist, sobald ich ihn in Angriff nehmen will. Niemand kann das vorhersagen. Aber ich blicke optimistisch nach vorn. Egal, wie weit ich komme, das Finale der Tour ist dort, wohin ich es schaffe. Und in jedem Fall wird es ein Erfolg sein, denn allein für das, was ich bisher erleben durfte, hat es sich schon gelohnt.

Die Nacht bringt es noch mal auf –36 °C. Perfekt abgepasst, dass ich ausgerechnet die kältesten Nächte in festen Unterkünften verbringen konnte. Zum Frühstück gibt es noch einmal *Tuschonka* mit Brühe, dann mache ich mich allmählich startbereit für die Weiterfahrt. Bevor ich mich verabschiede, begleite ich noch Grigori beim Ablesen der 12-Uhr-Werte. Die Wetterwarte entspricht internationalem Standard, auch die Anordnung der Messgeräte wirkt vertraut. Wenn mein Russisch besser wäre, könnte ich den Job hier sofort übernehmen. Tatsächlich sei das sogar möglich, zwischenzeitlich werden ja auch mal Vertretungen benötigt, ich müsse mich nur bewerben. Allerdings ist das Interesse an solch exklusiven Arbeitsplätzen nicht gerade klein, wie man mir erklärt. Für viele ist das wie bezahlter Urlaub.

5

MIT WODKA IM BLUT

TAG 11, KILOMETER 386

Als ich endlich starte, zeigt mein Thermometer immer noch –24 °C – wohlgemerkt mittags zum höchsten Sonnenstand! Dennoch fahre ich ohne Gesichtsmaske, offenbar bin ich schon gut an die Kälte gewöhnt. Zumindest ist mir nicht danach, sie zu tragen, fällt mir doch das Atmen darunter immer ein bisschen schwerer. Dafür schlägt sich nun die Feuchtigkeit der Atemluft direkt am Bart nieder. Reif wächst mir im Gesicht, schon nach kurzer Zeit sehe ich aus wie Väterchen Frost. Nachdem ich den gefrorenen See wieder verlassen habe führt mich der Zimnik weiter durch die hügelige Waldtundra der weitläufigen Hochebene. Auf der ersten Anhöhe wird mir plötzlich warm, und der Reif am Bart fängt an zu tauen. Ich schaue erneut aufs Thermometer: plötzlich –8 °C! Dann rolle ich in die nächste Senke hinab, und der Fahrtwind wird spürbar frischer –

Sonne pur: Tagtäglich verwöhnt prächtiges Winterwetter.

wieder –21 °C. Anscheinend reichen schon wenige Höhenmeter, um der bodennahen Kaltluft zu entkommen. Ein fantastisches Paradebeispiel, wie flach und wirkungsvoll sich die Kälte auch tagsüber in den Senken einnisten kann, solange es keinen Wind gibt, der die unterschiedlich temperierten Luftschichten miteinander durchmischt.

Damit wird auch klar, worauf ich bei meinem nächsten Lagerplatz im Freien achten muss, um der extremen Kälte ein Schnippchen zu schlagen: auf Anhöhen bleiben! Meine angefrorenen Zehen haben sich noch nicht ganz erholt und schmerzen permanent. Doch ich bin zuversichtlich, dass sich das Gewebe regeneriert, denn es hat sich nichts schwarz verfärbt. Am Abend erreiche ich schließlich eine kleine Hügelkette, und der Zimnik führt genau da rüber – perfekt! Oben auf der Passhöhe, weit oberhalb der brutalen Kältelöcher, werde ich eine lauschige Nacht verbringen. In der Senke vor dem Anstieg herrschen schon in der Dämmerphase –30 °C. Würde ich hier unten bleiben, hätte ich am Morgen sicher mit –40 °C zu tun. Oben auf der Passhöhe bleibt es jedoch ganze 15 Grad wärmer.

Frühmorgens vernehme ich ein Stapfen im Schnee. Da ich ohne Zelt im Wald liege, brauche ich mich nur kurz aufzurichten, um zu schauen, wer da um mich herumschleicht. Komisch – nichts zu sehen ... Ich hätte schwören können, dass hier gerade jemand oder etwas gewesen ist. Ich reibe mir die Augen und schaue noch einmal konzentriert in alle Richtungen. Erst jetzt bemerke ich eine Bewegung auf dem Fahrweg. Zwei Autos stehen da, ich hatte sie gar nicht kommen hören. Es sind die Jungs von der Lada-Expedition auf dem Rückweg. Erstaunlich, dass sie mich entdeckt haben, parke ich doch immer so weit vom Weg entfernt, dass man mich im Vorbeifahren nicht sofort bemerkt. Sichtbar nur für diejenigen, die sich aufmerksam umschauen. Bevor sie zurück ins Auto steigen, schlüpfe ich in meine Stiefel und laufe ihnen flugs hinterher. »*Dobroe utro* – Guten Morgen! Wart ihr schon in Werchojansk?« Ein Raunen, als sie mich plötzlich auf den Beinen sehen, lag ich doch eben noch regungslos unter einer Plane. »Ja, wir waren da und haben das kleine Museum besucht. Dort wird auch von Radfahrern berichtet, die im Januar 1991 von Tynda bis Werchojansk fuhren. Mit Rennradbereifung.« – »Mit dünnen Rädern auf solchen Wegen? Verrückt! Da bin ich mit meinem Fatbike das komplette Gegenteil ...«

Ich erinnere mich an Fotos, die ich vor vielen Jahren mal im Internet fand. Von einem russischen Winterradreisenden namens Andrej Finotschenko. Zwischen 1986 und 2010 hat er mit seinen Radkumpels ganze 23 Wintertouren in allen Ecken Russlands unternommen, einige davon mehrere Tausend Kilometer lang (alle zusammen 36.000 Kilometer)! Auch ein paar Zimniks haben sie unter die Räder genommen: auf der Lena, am Ob und über den Polarural. Und sie waren zu überwiegendem Teil wie die frühen Tour-de-France-Fahrer mit klassischen Randonneuren unterwegs. Unfassbar, wie man mit einer derart schmalen Bereifung solche Distanzen im Schnee bewältigen kann ... Im Internet gibt es nicht viel über ihn, nur eine Liste seiner Touren und ein paar ausgewählte Bildchen, die nur ansatzweise erahnen lassen, was für Leistungen dieser Mann und seine Kumpane vollbracht haben[3]. In Werchojansk war er aber nicht, also muss es jemand anderes gewesen sein. Dass man diesem Radlerbesuch einen Platz im Museum widmet, deutet ganz stark darauf hin, dass es vielleicht der bisher einzige war. Werchojansk liegt aber nicht auf meiner Route. Zu weit abseits befindet sich der Ort, etwa drei Tage würde mich ein Abstecher dorthin kosten. Mein Fokus liegt auf Tiksi, und so lange ich es nicht schaffen sollte, mir einen großzügigen Puffer rauszufahren, werde ich mein Ziel auf dem direkten Weg ansteuern. Dann verabschieden wir uns und wünschen uns

Ich will gerade mein Gepäck abladen und alles einzeln hochtragen, da kommt er mir zu Hilfe, packt mein schweres Rad am Lenker und geht damit den Hang hoch, als wäre das Ganze nur ein Kinderspiel. Ich bin völlig baff. Wie hat er das gerade gemacht?

gegenseitig viel Glück. Von ihrem Trip werde ich einige Monate später bei YouTube ein Video finden – professionell zusammengeschnitten, inklusive des Interviews das sie mit mir auf dem Eis der Delen'ja führten[4].

Nach der Querung eines Flusstals erreiche ich am Nachmittag den Rand der Hochebene. Ein kleiner Gebirgszug grenzt sie nach Norden ab. Keine gewaltigen Berge, und doch erwartet mich hier mit fast 1.000 Metern der höchste Pass der Tour. Also geht es den restlichen Tag nur noch bergauf, an manchen Stellen sogar so steil und glatt, dass ich auch zu Fuß Probleme habe, das Rad hinaufzuwuchten – ich rutsche ständig weg. An einer solchen Stelle treffe ich auch das erste Mal auf einen verunglückten Lkw. Er ist auf dem kurzen Anstieg seitlich weggerutscht und steckt nun schräg im Schnee neben der Piste. Ein anderer Lkw parkt daneben, und einige Männer sind damit beschäftigt, den Pechvogel mit Seilwinde und Schneeschaufel wieder zurück auf die Fahrspur zu holen. Einer der kernigen Trucker sieht mich, wie ich vergeblich versuche, den glatten Hang hinaufzuschieben. Ich will gerade mein Gepäck abladen und alles einzeln hochtragen, da kommt er mir zu Hilfe, packt mein schweres Rad am Lenker und geht damit den Hang hoch, als wäre das Ganze nur ein Kinderspiel. Ich bin völlig baff. Wie hat er das gerade gemacht? Übermenschliche Kräfte würde ich den hartgesottenen Fernfahrern noch zutrauen. Aber dass er dabei kein bisschen weggerutscht ist, will mir nicht in den Kopf. Schneeketten hat er jedenfalls keine an den Füßen, und Spikes sind hier nicht üblich. Wie auch immer, mit dieser Schmach muss ich jetzt leben. Hämisch lachend zeigt er noch auf seinen angewinkelten Oberarm, als wolle er damit andeuten, was ich doch für ein Schwächling bin. Eins zu null für ihn! Ich hab ihm nichts entgegenzusetzen und kann nur anerkennend zurücknicken. Ich schiebe weiter den Pass hinauf, es geht permanent bergan. Zum Glück nicht mehr so steil, lange Strecken

Wiedersehen mit der Lada-Truppe.

kann ich jetzt durchfahren. Doch mit der Zeit komme ich mächtig ins Schwitzen, etwas mehr als am Pass Ol'tschan. Klatschnass ist mein Rücken, obwohl ich schon all meine Jacken abgelegt habe und nur noch im Pullover unterwegs bin. Also lege ich diesmal kleine Pausen ein, um abzukühlen. Ich stehe und warte, bis ich anfange zu frieren. Erst dann trete ich wieder in die Pedale und bewältige die nächsten Höhenmeter. Bis ich wieder so warm bin, dass ich anfange zu schwitzen, dauert es eine Weile. In dieser Zeit trocknet die nasse Kleidung am Rücken schon etwas ab. Kurz vor der Passhöhe mache ich etwas langsamer und gehe zu Fuß, damit die allmählich abgetrocknete Kleidung nicht noch mal nassschwitzt. Ich muss unbedingt warm und trocken sein, sobald ich den höchsten Punkt erreiche – egal, ob ich dann dort oben bleibe oder sofort wieder abwärts rolle. Da es erst jetzt auf –20 °C zugeht, hält sich die Vereisung der äußeren Kleidungsschichten in Grenzen.

Im letzten Licht der Abenddämmerung erreiche ich schließlich den namenlosen Pass. 960 Meter über NN zeigt mein Satellitenmessenger, als ich die allabendliche Positionsmeldung meines Übernachtungsplatzes in den Äther schicke. Eine alte Schneemobilspur führt vom Weg in die offene Waldtundra. Ich folge ihr ein paar Meter, um etwas abseits der Piste meinen Schlafsack auszurollen. Ein Fuchs bellt ganz in der Nähe, ansonsten herrscht meditative Stille. Während ich meinen Lagerplatz herrichte, tauchen am Nordhorizont auf einmal ein paar senkrechte Lichtstrahlen auf. Sie wachsen höher und wandern langsam von rechts nach links – es ist ein Polarlicht, das erste auf dieser Reise! Schließlich erhellt sich der Himmel auch hinter den Strahlen, ein diffuser Lichtbogen wölbt sich empor und sorgt zusammen mit dem im Südosten aufgehenden Mond für einen fahlen Lichtschein, der die schneeversunkene Winterlandschaft in einen magischen Ort verwandelt.

TRINKFREUDIGE TRUCKER

Die Abfahrt vom Pass geht zügig vonstatten. Allerdings muss ich höllisch aufpassen, die Piste ist sauglatt und wie üblich von Spurrillen zerfurcht. Eigentlich sollte ich dort, wo es richtig glatt ist, weder bremsen noch lenken. Aber wegen der vielen Kurven bleibt mir gar nichts anderes übrig, als immer wieder die Geschwindigkeit zu drosseln, um nicht aus den Furchen zu fliegen. Einmal verliere ich die Kontrolle, rutsche gnadenlos aus und purzle neben meinem Rad etliche Meter über den Pistengrund. Zum Glück bin ich gut eingepackt, die Winterkleidung dämpft den Sturz, sodass ich mir keine Verletzungen zuziehe. Wieder einmal bereue ich es, keine Spikes dabeizuhaben. Um die 400 Euro hätte diese Zusatzinvestition fürs Fatbike gekostet. Die wollte ich mir einfach ersparen, zumal ich auf den vorangegangenen Zimnik-Touren nie mit einem derart glatten Grund zu tun hatte. Tja, falsch gedacht! Nun muss ich mich daran gewöhnen, dass es mich die nächsten Wochen noch öfter umhauen wird.

Weiter unten, nachdem sich die Piste in ein Flussbett eingefügt hat, treffe ich vollkommen unerwartet auf eine größere Gruppe Trucker, die sich hier ihren eigenen Rastplatz geschaffen hat. Auf einer großen Freifläche zu Füßen einer ungenutzten Baracke parken etliche Schwerlasttransporter, deren Steuermänner sich um einen provisorisch errichteten Tisch aus Pappkartons versammeln, um eine gemeinsame Essenspause einzulegen. Ich komme also genau zum richtigen Zeitpunkt. Ohne Umschweife werde ich sofort herangewinkt und in die Runde integriert. Es gibt Dosenfleisch und Brot, dazu eine heiße Suppe und natürlich – Wodka. Alle sind gut gelaunt, die Stimmung ist prächtig, jeder hat etwas zu erzählen. Für Beschallung ist auch gesorgt: Russenpop ertönt aus einem der Fahrzeuge. Während in Dauerschleife der Lieblingssong eines Fahrers läuft, füllen sich

Rutschige Piste über den höchsten Pass der Tour. In der Nacht zeigt sich das erste Polarlicht.

in Dauerschleife auch immer wieder die Trinkbecher. Ich komme mir vor wie auf einer organisierten Überraschungsparty. Eben noch rollte ich allein durch stille Bergwälder, und plötzlich stecke ich mitten in einem Trinkgelage mit lauter Musik. Ein ziemlich abrupter Szenenwechsel, der fast schon ins Absurde geht, wenn man bedenkt, dass ich hier auf einem Winterweg mitten in der Wildnis bin, wo in einem Umkreis von 200 Kilometer keine Menschen siedeln.

Die Stimmung schaukelt sich auf. Zwei aus der Runde – Igor und Valentin – sind schon ziemlich angeheitert. Igor möchte, dass ich bleibe, aber nach dem fünften Becher Wodka habe ich genug und will weiter. Zu groß ist die Gefahr, dass ich hier versumpfe und am nächsten Tag viel Erholung brauche, um wieder fit in die Pedale treten zu können. Nach anderthalb Stunden gelingt es mir, mich loszureißen. Als Dankeschön hinterlasse ich eine Schachtel Zigaretten aus Deutschland, die auch gleich aufgerissen wird. Solche kleinen Gesten schätzt man hier sehr, daher hatte ich mich schon daheim mit ein paar Packungen eingedeckt, obwohl ich selbst Nichtraucher bin. Da ich auch diesmal ohne zusätzliche Jacke ausgeharrt habe, bin ich mal wieder spürbar ausgekühlt. Es dauert ein paar Kilometer, bis die Wärme in alle Körperbereiche zurückkehrt. Da es aber mit knapp unter –10 °C nicht allzu kalt ist, komme ich diesmal ohne Erfrierungen davon. Die Zehen scheinen sich inzwischen gut regeneriert zu haben, zumindest spüre ich keine Schmerzen mehr und fahre wieder wie gehabt mit Wanderschuhen, die mir bei tagsüber einstelligen Minusgraden deutlich angenehmer sind.

Bei Sonnenuntergang erreiche ich den Fluss Nel'gese. Eigentlich sollte der Zimnik hier nach rechts abbiegen und dem vereisten Flusslauf stromabwärts zur Adytscha folgen. Doch in diesem Jahr hat man sich offenbar für eine andere Variante entschieden und lässt den Winterverkehr nach links in den Canyon stromaufwärts einbiegen, denn nur in diese Richtung führt die Fortsetzung der freigeschobenen Schneise weiter. Klar, dass ich ihr folge, was anderes bleibt mir auch gar nicht übrig. Und so tauche ich noch ab in die Blaue Stunde, vorbei an faszinierenden Felswänden, die dem gefrorenen Flusslauf einen wildromantischen Charakter verleihen. Ich stoppe für ein Foto, stelle mein Stativ auf und versuche mit einer Langzeitbelichtung auch die ersten Sterne einzufangen. Dafür stelle ich mich mit ins Motiv und muss einige Sekunden stillhalten. Doch dann höre ich auf einmal ein Schnaufen oben an der Abbruchkante. Etwa ein aufgeweckter Bär? Es ist schon zu dunkel, um etwas Genaueres zu erkennen. Das Beste ist, sofort zu verschwinden, bevor sich das schnaufende Etwas zu mir nach unten trollt. Hastig packe ich Stativ und Kamera weg und fahre mit gesträubten Nackenhaaren weiter in die mondlose Nacht.

Erst 15 Kilometer weiter entscheide ich mich zu kampieren. Da die Uferböschung recht hoch ist, bleibe ich direkt im Flussbett unweit des Weges. Ein Wolkenfeld zieht heran. Gut möglich, dass es in der Nacht etwas schneit, also könnte es sich mal wieder lohnen, das Zelt aufzubauen. Das dauert dann allerdings etwas länger als gedacht, denn der Gestängegummi ist nun so stark ausgeleiert, dass ich die Gestängesegmente nicht mehr zusammenstecken kann. Die letzten Nächte mit Tiefstwerten bis fast an die –40-°C-Marke sind nicht wirkungslos geblieben. Wie schon auf früheren Wintertouren kürze ich den Gummi an allen drei Stangen um etwa 15 Zentimeter, erst dann kann ich das Zelt endlich aufbauen.

Noch bevor ich zum Kochen komme, fährt der erste Lastwagen des Abends durch. Der Fahrer sieht mich und hält – es ist Kostja, einer aus der geselligen Runde von vorhin.

Eigentlich wollte er die Nacht am Parkplatz verbringen, doch dann entschied er sich kurzerhand weiterzufahren, weil zu viel getrunken wurde … Er lädt mich in seine Fahrerkabine zu einem Kaffee ein und teilt mit mir ein paar hausgemachte Piroggen – gefüllte Teigtaschen, die er von seiner Frau mit auf den Weg bekommen hat. Während wir essen und plaudern, stellt er den Motor ab. Erstaunt frage ich ihn, ob das nicht gefährlich sei – der Motor könnte ja einfrieren und er hier ohne Heizung festsitzen! »Ja, normalerweise wagen wir das nur in der Gruppe. Aber heute ist es nicht so kalt.« Nun ja, es sind –26 °C, die Skala »kalt« geht für die Eistrucker wohl erst bei Werten unter –30 °C los. Dass hierzulande die Motoren von Oktober bis Mai durchlaufen, ist ganz offensichtlich ein Mythos.

Ich nutze die Gelegenheit und trockne meinen Gesichtsschutz und die Handschuhe über der warmen Lüftung. Dann lasse ich mir noch einen Liter kochendes Wasser abfüllen, um nachher nicht so viel Schnee tauen zu müssen. Kostja will noch weiter bis zum Pass Schaman. Dort soll es einen weiteren Parkplatz geben, und Pässe sind sowieso gut, um der argen Kälte zu entfliehen. Die anderen werden morgen schon irgendwann nachkommen. Sobald sie ihren Rausch ausgeschlafen haben. Gegen 23 Uhr stehe ich wieder allein im Dunkel der Nacht. Ich koche mir noch eine Nudelsuppe, dann haue ich mich aufs Ohr.

Am nächsten Tag strahlt die Sonne wieder von einem herrlich blauen Himmel, und ich fahre weiter den gefrorenen Nel'gese hinauf. Gerade mal fünf Kilometer bin ich unterwegs, als mich der trinkfreudige Trupp von gestern einholt. Die ganze Kolonne hält, und alle steigen aus. Artjom, der Jüngste in der Runde, kommt als Erster grinsend auf mich zu. Ich erkundige mich, wie es ihm und seinen Kumpels geht. »*Normalno*« – »ganz gut« –, erwidert er. Was auch sonst, eine typisch russische Antwort. Aber es scheint was dran zu sein, alle haben ein Lächeln im Gesicht, wirken frisch und ausgeruht. Nur Valentin, der Dienstälteste, der schon seit 40 Jahren auf diesem Zimnik Fracht transportiert und ihn so gut kennt wie kein anderer, scheint noch oder schon wieder angetütert zu sein. Ausgerechnet er will mein Fatbike Probe fahren. Er schafft es, ein paar Meter zu rollen, doch beim Wenden legt er sich lang. Respektvoll gibt er mir das schwere Ungetüm zurück, er bleibt lieber bei seinem Lastwagen. Sein Angebot, mich ein Stück mitzunehmen, lehne ich dankend ab.

Dann komme ich mit Denis ins Gespräch, gestern hatte ich ihn noch nicht gesehen. Er erzählt, dass er bereits auf allen Zimniks in Jakutien unterwegs war. Und dass er 2005 schon einmal einen Winterradler traf, einen Japaner namens Anton. »Anton? Meinst du Hiromasa Andow? Der im Winter von Jakutsk bis nach Tschukotka fuhr?« – »Genau! Er war gerade auf dem Weg nach Tscherski.« Es ist das zweite Mal, dass mir jemand von ihm erzählt. Als ich 2007 quer durch Jakutien bis zum Kältepol Ojmjakon fuhr, war ich ganz zum Schluss noch beim örtlichen Meteorologen Valeri zu Gast. Auch er hatte mir von Hiromasa erzählt, dass er auf seiner Route nach Tschukotka einen Abstecher in das berühmte Dorf machte und bei ihm zu Gast war. Er zeigte mir eine Visitenkarte von ihm, auf der auch die Adresse seiner Webseite aufgedruckt war[5]. Wieder zu Hause, musste ich natürlich reinschauen und hab nicht schlecht gestaunt, als ich realisierte, was der Kerl da im Alleingang vollbracht hat. Tausende Kilometer hat er auf dem nordöstlichsten Zimnik Russlands zurückgelegt, durch Gebirge, Taiga und Tundra. Mit einem einfachen Rad auf einfachsten Fahrspuren. Von Mitte Februar bis Mitte Mai … Anscheinend hatte er sogar Skier dabei, um auch nach Schneestürmen über die schneeverwehten Spuren weitergehen zu können. *The Last Frontier* betitelte

der Abenteurer seine Fahrradexpedition – eine, die mich zutiefst beeindruckt hat. Bis heute ist er der einzige Ausländer, der mit dem Rad in solch abgelegene Regionen vorgedrungen ist. Dieser Mann, damals 35 Jahre alt, ist für mich zweifelsohne der Held aller Winterradler! Die Vorstellung, es ihm gleichzutun, hat mich lange fasziniert. Nicht, weil ich ihm nacheifern wollte. Nein, es war die Vorstellung von dem, was er gesehen und erlebt haben muss. Diese intensive Erfahrung, sich auf eigene Faust ans gefühlte Ende der Welt vorzukämpfen, bis an den gefrorenen Arktischen Ozean und dann auch noch auf diesem zu kampieren. Als Radfahrer, der auf einer ganz normalen Straße losgefahren war …

Denis holt eine Flasche mit brauner Flüssigkeit hervor. *Nestea* steht darauf, aber was wohl drin ist? Er stellt sie auf die Stoßstange seines Fahrzeugs und zaubert noch ein paar Trinkbecher hervor. »Das ist hausgemachter Whiskey. Probiert mal! Der ist gut!« Alles klar. Das Gelage von gestern schreit nach einer Fortsetzung. Diesmal mitten auf dem Zimnik. Bei dem geringen Verkehrsaufkommen sicher kein Problem, dass hier ein paar Lkw die Durchfahrt blockieren. Und wer nachher betrunken von der Straße abkommen sollte, muss kaum mehr befürchten, als im Schnee stecken zu bleiben. Aber so schlimm kommt es dann doch nicht, denn nach der vierten Runde ist die kleine Flasche auch schon leer. Es wird noch ein Gruppenfoto gemacht, dann steigen alle wieder in ihr Fahrzeug und treten aufs Gaspedal. Im Vorbeifahren hupt und winkt mir ein jeder noch mal zu, dass es mir schon fast das Herz zerreißt. Richtig dufte die Jungs! Ob wir uns irgendwann wiedersehen?

Diese Frage hätte ich mir nicht stellen sollen, denn noch bevor der ganze Tross an mir vorübergefahren ist, hält Valentin wieder an, um mir noch einmal die Hand zu schütteln und mich zu umarmen. Ob ich denn wirklich

Trinkgelage auf dem Fluss Nel'gese.

nicht mitfahren möchte? Nein, der Abschied ist unausweichlich. So glaube ich. Doch schon an der nächsten Kurve hält die Kolonne erneut. Und wieder einmal sehe ich Valentin aussteigen. Diesmal geht er an seinen beheizten Frachtraum und holt frisches Obst hervor – zwei Apfelsinen, zwei Kiwis und einen Apfel. »Für dich. Für unterwegs.« – »Danke. Aber das wird mir einfrieren. Ich muss es gleich essen.« – »Ah, natürlich…«, realisiert Valentin und verteilt das Obst an alle inzwischen wieder hinzugekommenen Kollegen, die es schälen und aufschneiden. Während sich meine Lenkertasche in ein Obstbuffet verwandelt, sehe ich auch schon wieder, wie sich eine Flasche Wodka in meine Richtung bewegt. *»Na zdorov'e!«*

Vier weitere Runden lasse ich über mich ergehen, dann steige ich endgültig aus. Die Stimmung ist zwar prächtig, aber ich muss aufpassen, dass ich noch Herr meiner Sinne bleibe. Auf früheren Wintertouren habe ich bei Begegnungen im Freien aus Prinzip nie mitgetrunken. Zu groß war mir das Risiko, im Dusel irgendwelche dummen Fehler zu machen. Die Konsequenzen könnten bei frostigen Temperaturen rasch ins Fatale bis Lebensgefährliche gehen. Dass ich mich diesmal darauf eingelassen habe, liegt wohl daran, dass ich mich unter diesen Umständen inzwischen besser einschätzen kann. Oder rede ich es mir nur ein? Ich merke bereits, wie mir der Alkohol zu Kopf steigt und eine leichtsinnige Gelassenheit aufkommen lässt. Der Punkt aufzuhören ist definitiv erreicht, wenn nicht sogar schon leicht überschritten. Zum Glück akzeptiert man, dass ich raus bin, und drängt mich nicht weiterzutrinken. Eine weitere Flasche macht dann ohne mich die Runde. Einige haben inzwischen ihre Gaskocher herausgekramt und kredenzen sich eine klassische Truckermahlzeit: gebratene Eier mit Wurst. Musik ertönt aus den Fahrerkabinen, ich komme mir wieder vor wie auf einer Outdoorparty …

Irgendwann nach mehr als drei Stunden kehrt allmählich Ruhe ein. Aufbruchstimmung macht sich breit. Wir verabschieden uns aufs Neue und machen uns auf den Weg. Ob es diesmal gelingt? Die Kolonne zieht nach und nach an mir vorbei, wieder einmal wird ein letztes Mal gehupt und gewinkt. Und dann verschwinden sie tatsächlich, ohne noch einmal anzuhalten. Mit einem Schlag umgibt mich wieder Stille. Die Sonne steht schon tief, und die Temperatur beginnt wieder zu fallen. Als ich in die Pedale trete, wird mir ganz schwummrig. Ich sehe Sterne vor den Augen, ein Kribbeln durchzieht den ganzen Körper, so als hätte ich Kreislaufprobleme und bräuchte eine kurze Pause, um nicht umzufallen. Doch ich beiße die Zähne zusammen und übergehe diesen Zustand, indem ich einfach weiterrolle. Nach etwa einer Minute ist wieder alles in Ordnung, und ich fahre ganz normal weiter.

Am Abend erreiche ich noch den Abzweig, der vom Nel'gese zurück in die hügelige Waldtundra führt. Ich parke mein Rad zwischen ein paar Bäumen und entscheide mich mal wieder wegen des trockenen Wetters, ohne Zelt zu übernachten. Gerade jetzt hat es etwas Besonderes, denn der Himmel ist voller Sterne, aber nicht jenen, die zuletzt beim Anfahren vor meinen Augen tanzten. Nein, diesmal sind es die stationären Gestirne, die ich, da der abnehmende Mond immer später aufgeht, erstmals in voller Pracht bewundern kann. Wie hypnotisiert starre ich in den Kosmos und lasse noch einmal die Erlebnisse des Tages Revue passieren. Ich bin längst ausgenüchtert, aber die intensiven Eindrücke von der kleinen Sause auf dem Eis sind noch immer sehr präsent. Begegnungen dieser Art haben immer etwas Herzliches, oft aber auch etwas Skurriles. Wahrscheinlich ist es genau diese Mischung, die daraus etwas Unvergessliches macht.

6

BATAGAJ – DER SPION, DER IN DIE KÄLTE GING

TAG 15, KILOMETER 550

Die nächsten Tage fahre ich weiter auf einer buckeligen Piste, die mich durch versumpfte Lärchentaiga führt. Es ist keine spektakuläre, aber eine schöne Landschaft, die mit ihren seichten Hügeln etwas Beruhigendes ausstrahlt. Ruhig ist auch das Wetter, tagtäglich scheint die Sonne von einem blauen Himmel, während sich die Temperaturen in einem angenehmen Bereich zwischen –25 und –5 °C bewegen. Eines Abends ist es beim Herrichten des Nachtlagers noch so mild, dass ich mich ohne Gesichtsschutz in den Schlafsack lege. Ein dummer Fehler, denn als ich am nächsten Morgen aufwache, spüre ich kleine Frostbeulen an meinen Wangen. Etwa eine Woche dauert es, bis diese oberflächlichen Erfrierungen wieder abheilen und verschwinden. Ansonsten geht es mir gut. Nach fast drei Wochen auf dem Rad fühle ich mich in Bestform. Tagesetappen von 50 bis

Auf dem Weg nach Batagaj.

Es tauchen wieder vermehrt Hütten auf, manche mit schamanischen Zeichen.

60 Kilometer sind jetzt locker zu schaffen. Der Polarkreis ist inzwischen überquert, und die Dämmerungsphase deutlich länger als zu Beginn der Tour. Und da die Sonne nun auch das Äquinoktium durchschritten hat, was dem astronomischen Frühlingsanfang entspricht, sind die Tage jetzt länger als die Nächte, sodass ich kaum noch in die Dunkelheit fahren muss.

Allmählich verlasse ich die Wildnis und nähere mich »Menschenland«. Erste Spuren von extensiver Landwirtschaft tauchen auf: kleine Nutzflächen mit vereinzelten Blockhütten, Ställen und Scheunen. Allerdings noch keine Menschen, die sich wohl erst im Sommer mit ihren Tieren hier einquartieren. Lediglich ein paar Jakuten-Pferde sehe ich an einigen Stellen im Schnee nach Futter wühlen. Der Verkehr hingegen ist immer noch der gleiche wie am Anfang des Zimniks. Etwa ein Dutzend Fahrzeuge treffe ich am Tag, in der Regel Lastwagen mit Waren und Produkten für die Siedlungen des abgelegenen Nordens. Klar, dass einige schon längst wieder ihren Rückweg angetreten haben, und so treffe ich hin und wieder auf bekannte Gesichter. Auch ich bin inzwischen bekannt wie ein bunter Hund. Fast jeder, der hier durchkommt, weiß bereits über mich Bescheid. Es wird gar nicht mehr viel gefragt, wenn es mal zu einer Begegnung kommt. Oftmals fallen nur noch die Worte »Foto?« oder »Selfie?«. Natürlich habe ich kein Problem damit, verstecken kann ich mich ohnehin nicht. Aber ich ahne allmählich, wie sich Prominente fühlen müssen, die in der Öffentlichkeit ständig erkannt werden.

Schließlich erreiche ich das erste Dorf: Tokuma. Nach elf Tagen und 500 Kilometern in der Wildnis ist es die erste menschliche Ansiedlung seit Topolinoe. Gleich an der Ortseinfahrt befindet sich ein Trucker-Restaurant – das »Kafe Ajtalina«. Als ich kurz stoppe, um die Blockhütte zu fotografieren, treten zwei Frauen in Schürzen vor die Tür und winken mich spontan hinein. »Ja, warum nicht«, denke ich mir, und lasse mir eine warme Zwischenmahlzeit zubereiten. Schon nach wenigen Minuten tischen sie mir einen Teller *Plov* auf, ein zentralasiatisches Reisgericht, wie man es heute auch häufig in Russland findet. Dazu einen Kaffee und ein Glas *Mors*. Das alles *»bezplatno«* – »kostenlos« –, da half auch mein Protest nicht, ich sei nun mal ihr Ehrengast. Ausländische Touristen haben sie hier noch nicht gesehen. Nur einmal, im Sommer, da seien Finnen auf Bärenjagd durch das Dorf gekommen. In der Tat sieht hier noch alles sehr ursprünglich aus. Eisklötze stapeln sich vor den teils idyllisch anmutenden Blockhütten. Es ist das Trinkwasser der Dorfbewohner, das sie aus dem nahen Fluss Borulach herangeholt haben. Familien mit Kindern spazieren durch die Straßen, dick eingepackt sind sie, damit ihnen der Frost nichts anhaben kann. In einem Hof sehe ich ein kleines Holzmammut, die jakutische Version eines Schaukelpferds. Das Leben hier wirkt einfach, aber die Menschen scheinen zufrieden. Man spürt: Das ist ein gewachsener Ort, in dem sich die Bewohner zusammengefunden haben, weil die umgebende Natur eine ausreichende Lebensgrundlage bietet.

Ab hier treffe ich auf der Piste wieder mehr Menschen, auch kleinere Fahrzeuge sind jetzt häufiger unterwegs, zumeist die allgegenwärtigen graufarbenen *UAZ* vom Uljanovsker Automobilwerk. Als Sammeltaxis transportieren sie kleinere Personengruppen zwischen den ländlichen Siedlungen und dem städtischen Gebietszentrum Batagaj. Auch Frauen sind darunter. Das erste Mal seit zwei Wochen sehe ich in den Fahrzeugen wieder Frauen! Da wird mir auf einmal bewusst: Das Leben auf den Zimniks ist eine reine Männerdomäne. Auf den Pisten weitab von irgendwelchen Dörfern sind in der Regel nur Trucker unterwegs, und die russischen Trucker sind, wie man sich kaum anders vorstellen kann, ausnahmslos männlich.

Im kleinen Jakutendorf Tokuma.

Auf einem ausgebauten Weg, der das ganze Jahr befahren werden kann, erreiche ich schließlich Batagaj. 19 Tage hatte ich den Namen dieses Ortes auf der Zunge, nun liegt er endlich vor mir. Er ist eine wichtige Zwischenstation, genau in der Mitte meiner Reiseroute. Hier werde ich das erste Mal seit meinem Start wieder Proviant nachkaufen können. Drei Wochen hatte ich für diese Etappe geplant, drei Wochen sind es geworden. Ich liege also im gesetzten Zeitrahmen. Doch dann stelle ich fest, dass die am Beginn ausgeschilderten 900 Kilometer noch längst nicht erreicht sind – 800 habe ich erst zusammen. Das heißt, es liegen noch ganze 1.000 Kilometer vor mir, die ich in den nächsten drei Wochen schaffen muss! Ich bleibe zuversichtlich, denn ab jetzt wird es keine Gebirgsquerungen mehr geben.

Als ich in das Städtchen hineinrolle, offenbart sich mir ein trostloser Anblick. Verlassene Gebäude, Ruinen und Bretterverschläge prägen das Bild. Es ist unübersehbar, dass dieser Ort schon bessere Zeiten erlebt hat. Unweigerlich kommt mir ein Satz in den Sinn, den ich mal aus dem Mund eines Mannes aus dem westsibirischen Novyj Urengoj hörte: *»Zimoj choroscho, musora ne vidno«* – »Der Winter ist gut, kein Müll ist sichtbar.« Doch hier ist der Schnee überall mit einem grauen Schleier überzogen – vom Ruß des Kraftwerks, das in regelmäßigen Abständen tiefschwarze Rauchwolken ausstößt. Dann jedoch ein paar Farbtupfer: Die noch intakten und bewohnten Häuser heben sich ab durch bunt gestrichene Fassaden, als wären sie ein Erkennungsmerkmal für das unverwüstliche Leben. Batagaj ist eine Bergbausiedlung, die 1938 gegründet wurde, um die lokalen Zinnerzvorkommen auszubeuten. Bis etwa 1990 stieg die Zahl der Stadtbewohner auf über 8.000, seit dem Ende der Sowjetunion ist sie jedoch wie in so vielen abgelegenen Gebieten Russlands wieder rückläufig. Mehr als die Hälfte der Einwohner ist seitdem fortgegangen, weil es infolge der Bergwerksschließungen kaum noch Arbeit gibt.

Im Zentrum steuere ich direkt auf ein *Magazin* zu und kaufe mir mit Heißhunger ein paar Leckereien, über die ich mich vor dem Laden sofort hermache: frisches Gebäck und *Prjaniki* – die typisch russischen Lebkuchen, die man im ganzen Land und zu jeder Jahreszeit bekommt. Den Großeinkauf für die nächste Etappe verschiebe ich auf morgen. Erst einmal will ich eine *Gostinica,* eine Unterkunft für die Nacht finden. Während ich durch die Gassen kurve, fühle ich mich beobachtet. Immer wieder richten entgegenkommende Passanten im Vorbeigehen ihr Smartphone auf mich. Ein bepackter Radfahrer ist hier definitiv ein Exot. Offenbar ein unheimlicher, da keiner es wagt, mich anzusprechen. Am *Dom Kul'tury,* dem Kulturhaus, muss ich stoppen. Mit seinen pompösen Säulen wirkt es wie ein antiker Tempel. Auf dem Platz davor, umzäunt, ragt eine Büste von Lenin in die Höhe, als sei er eine Gottheit. Ehrfürchtig betrete ich das Gebäude, in seinem Inneren werde ich mit Blicken bedacht. Eine junge Frau kommt auf mich zu. Von ihr erfahre ich, dass ich gerade in eine Bibliothek hineingeplatzt bin. Internet soll es hier sogar geben. Vielleicht komme ich später noch einmal vorbei, sobald ich Rad und Gepäck sicher verwahrt habe. Zunächst möchte ich wissen, wo es hier eine Herberge für Durchreisende gibt. »Gleich gegenüber, das Gebäude mit der rot-gelben Fassade«, bekomme ich als prompte Antwort.

Ich gehe rüber und klopfe hoffnungsvoll an der Tür. Nach einer Weile schaut eine Frau heraus. Sie scheint nicht erfreut, die Begeisterung gegenüber Neuankömmlingen hält sich in Grenzen. Dennoch, für 2.000 Rubel (etwas mehr als 30 Euro) könne sie mir ein Zimmer geben. Und das Fahrrad? Dafür gibt es keinen Platz, es muss draußen direkt an der Straße bleiben. Das gefällt mir überhaupt nicht. Auch wenn ich nicht glaube, dass es mir jemand klauen würde, für meinen Geschmack würde es zu viel Aufmerksamkeit erregen. Ob es noch eine andere

Während ich durch die Gassen kurve, fühle ich mich beobachtet. Immer wieder richten entgegenkommende Passanten im Vorbeigehen ihr Smartphone auf mich. Ein bepackter Radfahrer ist hier definitiv ein Exot. Offenbar ein unheimlicher, da keiner es wagt, mich anzusprechen.

Unterkunft im Ort gibt, frage ich. Sie hat keine Ahnung. Mit selbiger stehe ich nun auch da und versuche mein Glück als Nächstes in der Administration. Wenn jemand Bescheid weiß, dann sicher hier!

Drei junge Kerle bitten mich ins Büro, sie hatten mich schon durchs Fenster gesehen. Erst mal ein Tee. Dann fragen sie mich, wie sie mir helfen können. Eines ist schon mal klar: Weitere Herbergen gibt es nicht, auf Touristen ist man hier nicht eingestellt. Doch dann bietet mir Igor an, dass ich bei ihm übernachten könne. Dankend nehme ich an. Schließlich darf ich noch das Internet in ihrem Büro nutzen und verschicke eine Rundmail mit einer kleinen Auswahl an Bildern. Derweil schaut eine Reporterin der Lokalzeitung vorbei und stellt mir ein paar Fragen. Die Jungs hatten sie informiert. Wenn schon mal ein Fremder den Ort passiert, muss auch darüber berichtet werden[6].

Als die drei Feierabend machen, gehe ich mit Igor zu seinem Quartier. Er teilt es sich mit seinem Onkel Zhenja, der in Batagaj als Rettungswagenfahrer arbeitet. Gerade hat er zwei Tage frei, und so sitzen wir am Abend zu dritt am Tisch. Als Snack gibt es gefrorenen Fisch und ein Stück gefrorenes rohes Pferdefleisch. Wir schneiden uns schmale Scheiben ab und kauen darauf herum, bis sie tauen. Igor studierte bis vor Kurzem in Chabarovsk, nun ist er wieder in Batagaj, um in der Administration zu arbeiten. Da er auch etwas Englisch spricht, ergeben sich zu später Stunde noch ein paar tiefergehende Gespräche zu den Themen Umwelt, Ernährung und Energie. Wir sind uns einig, dass die Natur uns Kraft gibt, wenn wir uns längere Zeit in ihr aufhalten. Während mein Rad draußen in einem kleinen Holzschuppen parkt, breite ich in der Wohnung all meine Ausrüstung aus. Die inzwischen schon recht markanten Vereisungen von Schlafsack, Rentierfell und Stiefeln trockne ich direkt

Im Gebietszentrum Batagaj bleibe ich zwei Nächte bei Igor und Zhenja. Den Tag verbringe ich unfreiwillig im Büro der örtlichen Migration.

an der Heizung. Meine bisher benutzte Kleidung kommt derweil in die Waschmaschine, und ich selbst gönne mir ein heißes Vollbad – wer weiß, wann es die nächste Gelegenheit dazu gibt.

IM VISIER DER BEHÖRDEN

Am Tag darauf starte ich frisch und ausgeruht zur Weiterfahrt. Ust'-Kujga ist mein nächstes Etappenziel. Mit einer Woche rechne ich diesmal und decke mich in einem kleinen Supermarkt mit ein paar Proviantergänzungen ein: 1.200 Gramm Hafer, 600 Gramm Rosinen, 1.000 Gramm Butter, Schinkenspeck, Kekse ... Dann begebe ich mich noch mal zur Administration, um mich kurz von Igor zu verabschieden. Doch so weit komme ich nicht mehr, denn urplötzlich steigen zwei Damen von der Migrationsstelle aus einem parkenden Auto und wollen meinen Pass sehen. Ob ich ein »Tourist« bin, fragen sie mich. »Ja«, antworte ich. Doch das war wohl die falsche Antwort, denn in meinem Pass finden sie sofort einen Widerspruch: mein Geschäftsvisum. Als »Tourist« – oder »Reisender« (russisch *Puteschestvennik*), wie ich mich selbst gern bezeichne – darf ich ihrer Ansicht nach ein solches Visum nicht haben. Dabei bin ich schon mehrfach mit einem Geschäftsvisum durch Russland gereist, immer dann, wenn ich länger als 30 Tage im Land bleiben wollte. Und nie gab es ein Problem damit, weder unterwegs noch bei der Ein- oder Ausreise. Doch nun gibt es eins. Mir drängt sich der Eindruck auf, dass die zwei Vertreterinnen der russischen Behörden nach einem Grund gesucht haben, mich festzusetzen, denn irgendwie habe ich das Gefühl, dass sie mir aufgelauert haben. Ob das gestrige Interview die beiden auf den Plan gerufen hat? Offenbar werde ich verdächtigt, etwas im Schilde zu führen, denn sie können es nicht fassen, dass ein Ausländer einfach so und dazu noch freiwillig in diese Gegend kommt.

Ob ich ein Spion sei? Diese Frage habe ich auf früheren Reisen schon einige Male gehört. Von Straßenmilizen, die mich unterwegs spontan überprüften, manchmal auch von Einheimischen. »*Konetschno!*« – »Natürlich!« –, entgegnete ich ihnen dann immer mit betonter Selbstverständlichkeit um ihnen die Absurdität ihrer Frage vor Augen zu führen, sofern sie überhaupt ernst gemeint war. Doch diesmal ist die Stimmung eine andere, hier liegt was in der Luft, da erspare ich mir irgendwelche Späßchen. Ich soll mit in ihr Büro kommen, heißt es dann. Das Fahrrad mit dem Gepäck kann ich an der Administration einfach stehen lassen. Niemand werde sich daran vergreifen, versichern sie mir. Dann fahren wir in ihrem Landcruiser zum »Migrationspunkt der interkommunalen Abteilung des Innenministeriums der Russischen Föderation Werchojansk«, wo auch schon eine Englischlehrerin wartet, die beim Übersetzen der nun folgenden Befragung helfen soll.

Wir sitzen in einem der Büroräume. Auf der einen Seite die zwei Gesetzeshüterinnen, auf der anderen ich mit der Englischlehrerin Nadia. Zwischen uns ein breiter Schreibtisch, der wie ein Schutzwall das Gute vom Bösen trennt. »Was ist der Grund Ihrer Reise? Was Ihr Ziel? Wer hat Sie beauftragt?« Ich verhalte mich kooperativ und erläutere ihnen so verständlich wie möglich, dass ich aus freien Stücken hier bin. Dass ich Jakutien, die Natur und die Menschen des Nordens kennenlernen möchte und diese Reise mit dem Fahrrad bestreite, da ich hierin auch eine sportliche Herausforderung sehe. Das alles formuliere ich in Englisch, Nadia übersetzt es ins Russische, und eine der beiden Damen tippt es in den Computer. Mein Russisch ist zu schlecht, als dass ich in ihrer Sprache so ausführlich und korrekt antworten könnte.

In der Schule hatte ich kein Russisch, und auch danach habe ich nie einen Kurs belegt. Alles, was ich auf Russisch sagen und verstehen kann, habe ich in Russland auf der Straße gelernt. Bei Begegnungen, beim Einkaufen, beim Fragen nach dem Weg, vieles auch während tagelanger Zugfahrten quer durchs ganze Land. Als Abteilnachbarn zu temporären WG-Genossen wurden, deren Konversationen ich aufmerksam verfolgte und aus diversen Situationen heraus Begriffe mit Handlungen verknüpfte, die mich die Sprache lernen ließen wie ein kleines Kind – sodass ich mitunter auch Worte anzuwenden weiß, deren exakte Übersetzung ich bis heute nicht kenne. »Dein Russisch ist doch gut!«, höre ich dann immer wieder. Doch es sind nur ein paar Worte und Floskeln, die ich einfach nur gut ausspreche, weil ich eben so spreche wie andere sprechen, oftmals auch ohne zu wissen, wie man es richtig schreibt. Mein Vokabular ist noch immer das eines Anfängers, und meine Grammatik gleicht einem Glücksspiel. Auf der Straße, wo ich mich die meiste Zeit verständigen muss, komme ich gut zurecht. Doch wenn Gesprächsthemen aufkommen, mit denen ich zuvor noch keine Berührung hatte, oder gezwungen bin, irgendwelche Details zu verstehen, muss ich schnell passen. Dann klinke ich mich entweder aus oder zwinge meine Gesprächspartner, auf ein einfacheres Niveau zu wechseln. Bei unbequemen Konversationen kann das manchmal ganz hilfreich sein, um unweigerlichen Fettnäpfchen zu entgehen, noch bevor sie auftauchen. Auch bei Behördengängen kann das Sprachproblem einen positiven Effekt haben. Denn wenn man das Anliegen nicht versteht und sich nur schlecht artikulieren kann, wird man schnell als jemand wahrgenommen, der sich nicht auskennt und Hilfe braucht. Dabei ist so manch harsche Haltung schon mal zu einer verständnisvollen aufgeweicht – und aus einem »Geht nicht« wurde plötzlich ein: »Schauen wir mal, was möglich ist.«

Hier im Büro der Migration von Batagaj scheint man jedoch konsequent bei der Sache zu bleiben. Es geht darum,

Wir sitzen in einem der Büroräume. Auf der einen Seite die zwei Gesetzeshüterinnen, auf der anderen ich mit der Englischlehrerin Nadia. Zwischen uns ein breiter Schreibtisch, der wie ein Schutzwall das Gute vom Bösen trennt.

»Nicht hinaufklettern – tödlich!« Fast könnte man meinen, dass Touristen hier unerwünscht sind …

НЕ ВЛЕЗАЙ
УБЪЕТ!

Trostloses Stadtbild: Viele Gebäude sind verfallen, und der Schnee ist grau vom Ruß des Heizkraftwerks.

genauestens in Erfahrung zu bringen, wer ich bin und was ich hier mache. Als stünde ich in Verdacht, tatsächlich ein Spion zu sein. Doch was ließe sich im Zeitalter des Internets und der allgegenwärtigen Smartphones überhaupt noch ausspionieren, das nicht sowieso schon bekannt ist oder jederzeit von den Einheimischen in die Welt »gepostet« werden könnte? Mit rationalen Argumenten werde ich wohl nicht erklären können, was hier vor sich geht. Möglich, dass in einer abgelegenen Provinz wie dieser noch ein paar der paranoiden Denkmuster der Sowjetzeit überdauert haben, die mich als alleinreisenden Ausländer sofort unter Generalverdacht stellen. Oder agiert man hier in einem übereifrigen Pflichtbewusstsein, um dem Vorwurf zu entgehen, den Job nicht richtig gemacht zu haben? Vielleicht verhören sie mich einfach nur aus Langeweile. Eins wird jedenfalls schnell klar: Es ist nichts Persönliches. Sie machen nur ihren Job, und das sehr genau. Ohne irgendeine Andeutung, dass mir ein Schmiergeld vielleicht aus der Patsche helfen könnte. Hier läuft alles regelkonform ab, ganz ohne Schikane, auch wenn die Fragen allmählich ins Absurde abdriften ...

»Was arbeiten Sie? Wo leben Sie jetzt? Haben Sie noch Eltern? Geschwister? Wie viele? Wo leben die? Verheiratet? Kinder?« Ich frage mich, warum sie das alles wissen wollen? Was hat das mit mir und meinem Geschäftsvisum zu tun? Plötzlich wechselt der Ton. Die Protokollantin zeigt mir ihr Smartphone: »Das hier ist meine Tochter. Sie studiert in Sankt Petersburg.« – »Hübsches Mädchen«, stammle ich etwas perplex. – »Kaffee?«, fragt die andere. – »Klar, warum nicht.« Ein paar *Raffaello* gibt's auch noch dazu. Dann geht's weiter im Kontext, ob ich auf meiner Reise geschäftlich zu tun oder an Konferenzen teilgenommen habe? »Nein.« – »Wieso haben Sie dann ein Geschäftsvisum?« – »Weil das gängige Praxis ist, wenn man längere Zeit durch Russland reisen möchte. Mit einem Touristenvisum darf ich nur 30 Tage bleiben, mit einem Geschäftsvisum bis zu 90 Tage. Und weil ich mein Ziel Tiksi unmöglich in 30 Tagen erreichen kann, habe ich mir ein Geschäftsvisum ausstellen lassen. Bisher war das nie ein Problem.« – »Nun, es ist ein Problem. Wenn Sie keine Geschäfte machen, dürfen Sie auch kein Geschäftsvisum haben.« – Verdammt! Wieso wird meine Visakategorie auf einmal so hart ausgelegt? Immerhin habe ich beim Visumdienst ganze 180 Euro bezahlt, damit sie mir ein solches Visum beschaffen, inklusive Geschäftseinladung. Leider wurde mir letztere nicht ausgehändigt, sodass ich nichts Offizielles in der Hand habe. Doch eigentlich sollte mit der Ausstellung des Visums alles abgegolten und mein Status ein rechtmäßiger sein, zumal das Visaverfahren ohnehin nur Geldmacherei ist. Wohl auch als Antwort auf die harten Einreisebestimmungen für russische Staatsbürger, die nach Deutschland wollen. Aber das spielt im Moment keine Rolle. Hier geht es darum, das Gesetz penibel auszulegen und anzuwenden.

Also fange ich an zu erzählen, dass ich meine Reise auch dokumentiere und fotografiere, um am Ende darüber Vorträge zu halten, vielleicht auch eine Reportage zu schreiben. Ich verweise auf meine Webseite, auf der irgendwann auch ein paar Bilder erscheinen werden. Sie notieren sich den Namen der Seite. Als ich mir die Notiz zeigen lasse, sehe ich, dass sie falsch geschrieben wurde. Ich buchstabiere sie, erst dann stimmt es. Derlei Fakten scheinen ungeprüft übernommen zu werden, ich könnte alles Mögliche erzählen, Hauptsache, es klingt schlüssig. Dann betone ich noch einmal die Vorträge, unter denen sie sich nichts vorstellen können.

»Das sind Fotopräsentationen vor Leuten. Ich erzähle ihnen, was ich auf meiner Reise gesehen und erlebt habe. Sie bezahlen dafür wie bei einem Kinobesuch. Damit verdiene ich einen Teil meines Geldes.« – »Dann hätten Sie ein Arbeitsvisum beantragen sollen.« – »Nein, nein!«, schreite ich händeringend ein, um das Ganze nicht noch komplizierter werden zu lassen. »Hier in Russland bezahlt mich doch niemand. Von wem sollte ich denn eine Arbeitserlaubnis einholen?«

Allmählich bekomme ich das Gefühl, mich um Kopf und Kragen zu reden. Vielleicht sollte ich einfach anerkennen, dass ich die falsche Visakategorie besitze und basta. »Es ist überhaupt nicht klar, ob ich jemals Geld damit verdienen werde. Ich mache das in erster Linie für mich, und hinterher schaue ich, ob man aus dem Material auch eine Reportage machen kann.« – »Dann sind Sie ein Tourist mit falschem Visum.« Punkt. Protokoll beendet. Für die zwei Damen von der Migrationsstelle ist das ein klarer Regelbruch, eine Ordnungswidrigkeit, die bestraft werden muss. 2.000 Rubel soll ich zahlen, umgerechnet etwa 33 Euro. Schließlich wird das Protokoll mit Dekret ausgedruckt. Nadia übersetzt mühsam alle Rechtsbelehrungen und Klauseln, dann soll ich unterschreiben, insgesamt zehnmal. Ich bekomme eine gestempelte Kopie, die ich im Fall weiterer Kontrollen vorzeigen kann, damit man mich wegen einer Sache nicht mehrfach belangt. Doch es gibt eine Auflage: Ich muss das Land innerhalb der nächsten 40 Tage verlassen. »Kein Problem«, denke ich, und bin für diesen großzügig bemessenen Zeitrahmen fast schon dankbar.

Wir gehen noch zur Post, denn nur dort kann ich die Strafzahlung nachweislich einzahlen. Ich bekomme eine Quittung. Die Einzahlungsgebühr beträgt zusätzliche 30 Rubel. Ich krame in meinem Portemonnaie, doch zu meiner Überraschung sind die beiden Damen schneller und übernehmen die Auslage aus eigener Tasche. Allmählich werden sie mir richtig sympathisch! Schlussendlich bringen sie mich noch zurück zur Administration und wünschen mir viel Glück. Ganze drei Stunden hat das Verhör gedauert, und ich kann mir immer noch nicht erklären, warum es dazu gekommen ist. Ich bin mir sicher: Sie haben mir aufgelauert und einen Grund gesucht, mich mitzunehmen. Erfolgreich. Die Strafe war nur Nebensache, eine Mindestsumme. Sie hätte auch höher ausfallen können, das lag ganz und gar in ihrem Ermessen. Ob sie zufrieden sind mit dem Ergebnis?

Da sich der Tag schon dem Ende neigt, sehe ich davon ab, heute noch rauszufahren. Igor lädt mich wieder zu sich ein, sodass ich erneut im Warmen übernachten kann, ehe ich mich zur nächsten Etappe aufmache. Direkt auf dem Eis der Jana soll es weitergehen – ganze 500 Kilometer auf dem gefrorenen Fluss!

7

UNTER NORDLICHTERN NACH UST'-KUJGA

TAG 21, KILOMETER 803

Am 25. März ist es endlich so weit: Ich verlasse Batagaj. Gegen 9 Uhr am Vormittag schwinge ich mich auf den Sattel und starte zur Weiterfahrt – zwei bis drei Stunden früher als üblicherweise. Ich will den Tag voll ausnutzen und die verlorene Zeit von gestern wieder wettmachen. Schnurstracks rolle ich nach Norden, hinaus aus dem Bergbaustädtchen, hinein in die versumpfte Flussaue. Je weiter ich mich von den Rußwolken des Kraftwerks entferne, desto weißer wird auch wieder der Schnee. Ich kehre zurück in die vom Menschen nur noch marginal beeinflusste Natur. Nach 15 Kilometern wechselt der Fahrweg direkt aufs Eis der Jana. Ein Schild zählt mir die nächsten Etappenziele auf: Sajdy 160 km, Ust'-Kujga 374 km. Da die Eispiste hart und eben wie eine Asphaltstraße ist, pumpe ich noch ein bisschen Luft in die fetten

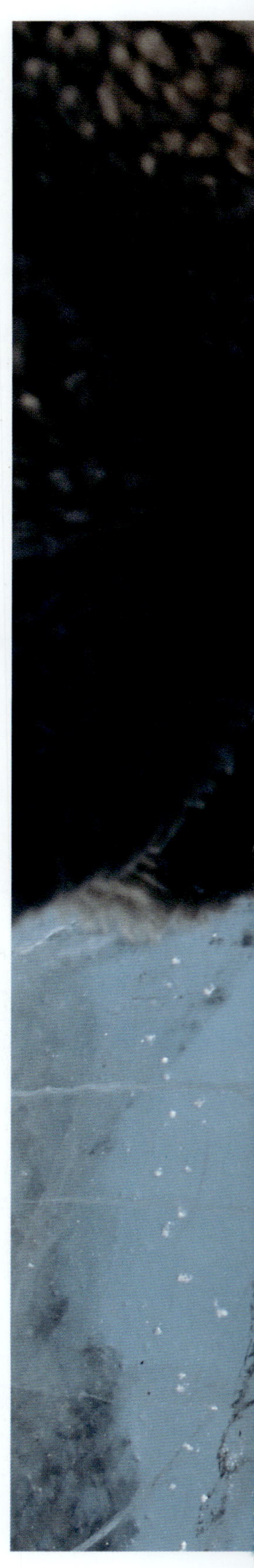

Unterwegs auf dem Flusseis.

0.0

Wasser auf dem Eis zwingt mich zu einer Umtragung über den Schneewall.

Eisstraße auf der gefrorenen Jana. Ein Schneemann markiert den Abzweig zum Dorf Chajysardach.

Reifen. Das hätte ich schon viel früher machen sollen, denn mit prallen Reifen rollt es sich gleich viel besser.

Mit einer berauschenden Geschwindigkeit fliege ich über das Eis. Entlang der Fahrspuren ist es oftmals blank, sodass ich während der Fahrt immer wieder in einen tiefblau bis schwarzen Eispanzer blicke, der über einen Meter tief mit Rissen durchzogen ist. 18 bis 20 Kilometer pro Stunde kann ich über lange Strecken halten, ohne dabei aus der Puste zu kommen. Das sind wirklich fantastische Fahrbedingungen! Ich komme mir vor wie auf einer Schnellstraße aus Eis. Der Verkehr hat etwas nachgelassen, ich treffe nur noch ab und zu auf Lastwagen, meist in Kolonnen von bis zu fünf Fahrzeugen. Auffällig viel Kohle wird transportiert. Sie kommt aus Nizhnejansk am nördlichen Ende des »Jana-Zimniks«, wo sie im Sommer per Schiff über den arktischen Seeweg herantransportiert und zwischengelagert wird. Um sie dann, wenn der Fluss zu einer Straße gefroren ist, an all die abgelegenen Siedlungen des unzugänglichen Nordens zu verteilen. Ein ganzes Jahr muss sie dann reichen, Öfen nähren und Häuser wärmen.

Ich komme unglaublich schnell voran. Noch vor 3 Uhr nachmittags passiere ich das 54 Kilometer entfernte Dorf Chajysardach, von den Einheimischen auch El'gesk genannt. Vom Fluss aus sehe ich die Silhouetten der ufernahen Häuser, die sich über die steile Flussböschung erheben. Drei Ausfahrten führen vom Zimnik zum Ort. An einer Stelle dazwischen hat man die Eisfläche vom Schnee befreit, Kinder mit Schlittschuhen drehen dort ihre Runden. Unweit davon ragen ein paar Eisblöcke aus dem Schnee. Sie markieren ein Loch, aus dem sich die Dorfbewohner ihr Wasser holen. Auf den folgenden Kilometern sehe ich immer wieder einsame, direkt am Ufer liegende Blockhütten. Attraktive Orte für die Nacht, doch die meisten sind nur schwer oder gar nicht erreichbar, da sie sich weitab der Piste befinden oder direkt an der Kante einer steilen Böschung. Man müsste elendig lange Pfade durch den knie- bis oberschenkeltiefen Schnee treten oder einen kaum bezwingbaren Steilhang erklimmen. Vergeudete Energie, die ich lieber in ein paar zusätzliche Kilometer investiere. Jetzt, da ich allmählich die letzten Fettreserven meines Körpers aufbrauche, was auf Reisen mit tagtäglicher Belastung immer nach etwa drei bis vier Wochen passiert, ist meine Leistungsfähigkeit schon bald ausnahmslos von jener Energie abhängig, die ich mit meinen Mahlzeiten aufnehmen kann. Ich muss also fortan darauf achten, meine Kräfte möglichst effektiv einzuteilen, um körperlich nicht noch weiter abzubauen. Denn wenn ich mich in nächster Zeit zwingen sollte, an die Substanz zu gehen, würde das recht schnell zu einem Zustand permanenter Erschöpfung führen.

Als ich letzten Sommer mit Robert im Plateau Putorana hoch oben im Norden Mittelsibiriens unterwegs war, lebten wir fast drei Monate aus der Tasche. Wir hatten alles dabei, um uns zehn Wochen lang autark durch menschenleere Wildnis zu bewegen. Zehn Wochen, in denen wir tatsächlich keinem einzigen Menschen begegnet sind und keine Möglichkeit hatten, zwischendurch auszusteigen. Wir mussten also genauestens kalkulieren, um bei diesem Wildnismarsch von A nach B bei Kräften zu bleiben. Auf unserer Reise durch das Suntar-Chajata-Gebirge im Vorjahr hatten wir gelernt, dass uns Tagesrationen von 500 Gramm Trockennahrung auf Dauer nicht über Wasser halten können, daher berechneten wir für die Putorana-Tour 600 Gramm pro Tag. Am Anfang aßen wir etwas weniger, nach vier Wochen dann geringfügig mehr als 600 Gramm, um dem erhöhten Energiebedarf gerecht zu werden. Doch auch diese Rechnung ging nicht auf. Ein ständiges Hungergefühl signalisierte uns, dass wir mehr hätten einplanen sollen.

Ab der vierten Woche bauten wir also trotz erhöhter Tagesrationen immer mehr ab – zuerst das körpereigene Fett bis auf die letzte verfügbare Kalorie, danach ging es an die Muskelmasse. Schließlich machte sich ein allgemeines Schwächegefühl breit, das auch mental von uns Besitz ergriff. Wir rieben uns einander auf und kamen kaum noch vorwärts. Die Gedanken kreisten nur noch ums Essen, sodass wir fast jede Gelegenheit nutzten, unseren begrenzten Proviant durch selbst geangelten Fisch zu ergänzen. Das kostete natürlich zusätzliche Zeit, sowohl das Angeln als auch das Ausnehmen und Zubereiten über dem Feuer. Zeit, die uns am Ende fehlte, das angepeilte Ziel aus eigener Kraft zu erreichen. Über meinen Satellitenmessenger nahmen wir Kontakt zur Administration unseres Zielortes Volotschanka auf und baten den Dorfchef, uns ein Motorboot entgegenzuschicken, das uns aufsammeln sollte. Doch der Jäger, den er beauftragte, tauchte nicht auf. Tage vergingen ohne ein Lebenszeichen, und wir rätselten, was der Grund dafür sein könnte. Derweil ging wie erwartet unser letzter Proviant zur Neige, den wir immer mehr streckten und in kleinere Portionen aufteilten, bis wir nichts mehr hatten. Am Ende konnten wir uns nur noch einen Kräutersud aufgießen, um nicht mit gänzlich leerem Magen in den Tag zu starten.

Doch dann, nach fünf Tagen bangen Wartens, hörten wir ein Motorengeräusch. Der Jäger hatte uns endlich gefunden! Wie sich herausstellte, hatte er sich mit dem Benzin verkalkuliert und musste vorzeitig umkehren; bei seinem zweiten Versuch erspähte er am Flussufer zufällig einen Elch, den er als Jäger natürlich nicht unbeachtet lassen konnte. Er hat das Tier geschossen, an Ort und Stelle zerlegt und fuhr wieder zurück in das Dorf, wo er das Fleisch tiefgekühlt lagern konnte. Erst dann war es ihm möglich, uns noch einmal entgegenzukommen … Diese Geschichte ist gerade mal ein halbes Jahr her und erinnert mich daran, dass ich bei ambitionierten Touren mit Zeitlimit stets ein Gespür für meine Kräfte behalten muss. Jetzt bin ich zwar nicht in einer Situation wie letzten Herbst, da ich bei Proviantknappheit, Schwächezustand oder sonstigen Problemen jederzeit abbrechen und mich mit einem der Lkw mitnehmen lassen könnte. Aber wenn ich mein Ziel Tiksi ohne Hilfe von außen schaffen möchte, muss ich mir meine Kräfte mit Bedacht einteilen, um nicht vorher schon das Handtuch zu werfen.

Dennoch, heute nehme ich mir das erste Mal 100 Tageskilometer vor – ganz einfach, weil ich sie für möglich halte, ohne mich dabei verausgaben zu müssen. Der gestrige Pausentag hat mir etwas Erholung verschafft, und die fantastischen Fahrbedingungen auf der gefrorenen Jana lassen mich mit wenig Energieaufwand zügig vorankommen. Doch als mir mein Tacho am Abend den Kilometer 91 anzeigt, stoße ich auf das erste ernsthafte Hindernis: ein Naled, das die Piste frisch überflutet hat. Auf dem ersten Abschnitt gibt es eine ufernahe Umgehung über brüchiges Eis. Ein Schild mit der Aufschrift *Pustoty* warnt vor tiefen Schlaglöchern. Mit dem Rad kein Problem, ich kann sie leicht umgehen. Kurz darauf vereint sich die Piste aber wieder, und ich grüble, wie ich die letzten 100 Meter trockenen Fußes überwinden kann. Das Wasser muss erst vor Kurzem an die Oberfläche getreten sein, denn es hat sich noch kein Eis darauf gebildet. Dampf steigt empor, der sich zu flachen Nebelschwaden vereint. Ich laufe den Schneewall an der rechten Seite ab. Er ist fest und hoch genug, um die Wasserlache passieren zu können. Also packe ich mein Rad ab und trage alles in vier Durchgängen rüber. Eine Stunde und meine letzten Kräfte kostet mich der Akt. Als ich wieder startbereit bin, tauchen hinter mir zwei Lkw auf. Wären sie etwas früher gekommen, hätte ich bei ihnen aufspringen können. Aber das Schicksal wollte wohl, dass ich auch solche Hindernisse stets selbst bewältige.

Mit Robert im Plateau Putorana: Zehn Wochen lang kämpften wir uns durch menschenleere Wildnis.

Nun ist es auch schon so spät, dass ich mich nur noch nach einem geeigneten Nachtplatz umschaue. Zum Glück mache ich nur einen Kilometer weiter wieder eine Blockhütte aus, diesmal sogar leicht zugänglich. Im Dunkeln habe ich sie nur zufällig bemerkt. Na, wenn das kein Zeichen ist! Durch den Schnee trete ich eine Spur bis zur Hütte. Sie schaut gemütlich aus. Ganz klar: Hier bleibe ich! Dann hole ich das bepackte Rad bis an die Uferböschung. Bis ganz hoch allerdings schleppe ich nur die Taschen, die ich für mein Nachtlager brauche. Der mondlose Himmel ist wieder vollkommen aufgeklart. Tausende Sterne funkeln, auch die Milchstraße ist gut zu erkennen. Am Nordhorizont schimmert ein schwacher Lichtschein. Es ist das angedeutete Glimmen der Aurora Borealis, das weit nördlich des Polarkreises fast immer zu sehen ist und bei erhöhter Sonnenaktivität zu prächtigen Nordlichtern aufflammen kann.

UMWEG DURCH DIE SÜMPFE

Am nächsten Tag rolle ich weiter auf dem Eis des gefrorenen Flusslaufs. Doch schon nach drei weiteren Kilometern, kurz vor der Adytscha-Mündung, taucht das nächste Naled auf. So weit ich blicken kann – alles ist überschwemmt, sogar der Schnee daneben ist bis an die Oberfläche durchtränkt. Hier fährt zurzeit niemand mehr, nicht mal die unverwüstlichen *Ural*-Lastwagen, denn an einigen Stellen könnte die Wasserlache über einen Meter tief sein. Wie am Tompo kurz hinter Topolinoe scheint auch dieser Abschnitt regelmäßig überflutet zu sein, sodass bereits eine ausgefahrene Ausweichstrecke über Land existiert, die den Verkehr um das temporäre Hindernis leitet. So komme ich das erste Mal abseits der Jana durchs Hinterland und quere das abgelegene Jakutendorf Tscherjumtscha. Ein Junge auf einem Fahrrad kommt mir entgegen – der erste Einheimische, der wie ich auf zwei Rädern unterwegs ist. Ausgerechnet hier, wo es im Sommer keine Möglichkeiten gibt, ins Umland zu radeln. Wir begrüßen uns anerkennend, wechseln ein paar Worte und gehen kurz darauf wieder unserer Wege, als wäre das Zusammentreffen zweier Radfahrer nichts Besonderes. Kurz darauf treffe ich drei Lastwagenfahrer, die sich eine Stärkung gönnen. Natürlich winken sie mich heran und teilen mit mir ihr Essen – eingelegten *Tschir,* Bouletten, Oliven ... Klar, dass es zum Abschluss noch einen Wodka gibt. Diesmal reichen schon zwei Gläschen, dass ich beim Weiterfahren wieder Sterne sehe. Über den kleinen Zufluss Ol'de führt mich die Piste am Abend zurück zur Jana. Ich fahre nur noch so weit, bis ich an einer windgeschützten Biege einen guten Platz finde, um im Schnee meinen Schlafsack auszurollen.

Auf den folgenden Kilometern bis zum Dorf Sajdy verläuft der Zimnik abermals über die versumpfte Ebene weit abseits der Jana. Es ist ein holpriger Weg, der wahrscheinlich nur deshalb hier entlangführt, weil die gefrorenen Sümpfe sicherer sind als der Eispanzer eines Fließgewässers. Zudem sind die ungeschützten Weiten des vereisten Flusslaufs wunderbare Beschleunigungsflächen für den Wind, der dort spürbar stärker weht als über Wald und Flur. Gerade heute hat er deutlich angezogen und sorgt mit Stärke 4 bis 5 Beaufort für eine permanente Schneedrift. Zum Glück von hinten, sonst wäre dieses Wetter ein ziemlich ungemütliches. Überhaupt hatte ich bisher ein Riesenglück, was das Wetter angeht: viel Sonne, kaum Schneefall, wenig Wind. Und wenn doch, dann immer schiebend aus Süden, dazu verhältnismäßig milde Temperaturen. Das alles hat dazu beigetragen, dass mir die diesjährige Zimnik-Tour weniger extrem vorkommt als die vergangenen zwei, die mich durch das europäische Nordrussland und das westliche Nordsibirien führten. Auch jetzt ist es unerwartet mild – +2 °C messe ich am Nachmittag beim Durchqueren der Sümpfe. Die Sonne wärmt, und der Rückenwind schiebt. Schon nach kurzer

Zeit ist mir so warm, dass ich mal wieder nur im Pullover fahre. Es fühlt sich an, als ob der Frühling bereits in vollem Gange ist. Doch das sind nur vorübergehende Phasen, so schnell lässt der Winter hier oben nicht locker. Noch einige Wochen wird er das nördliche Jakutien mit seinen kalten Fingern umklammern. Erst im Mai werden die Flüsse aufbrechen und der Schnee gänzlich wegtauen, um dem Sommer ein kurzes, aber intensives Zwischenspiel zu gewähren.

Während ich mich dem Dorf Sajdy nähere, treffe ich auf eine Herde Pferde, die grasend durch den Schnee zieht. Wild und frei scheinen sie zu sein, doch mit Sicherheit gehören sie jemandem. Als sie auf den Weg kommen, galoppieren sie etliche Kilometer vor mir her, ehe sie sich entscheiden, wieder in die offene Waldtundra abzubiegen. Sajdy selbst wirkt wie ausgestorben, zumindest sehe ich so gut wie keine Menschen. Ich fahre durch, ohne anzuhalten, es gibt nichts Besonderes zu sehen. Über die Ortsmüllkippe führt der Weg zurück zur Jana und dort direkt auf dem Eis des Flusses weiter. Irgendwo in der Nähe soll es einen Mammutfriedhof geben, der im Sommer zahlreiche Elfenbeinjäger anlockt. Mit dem Flusswasser der Jana spülen sie dann Höhlen in die gefrorenen Böschungen und Hügel, um an das begehrte »Weiße Gold« zu kommen, das für viele arbeitslose Jakuten der Region die letzte Chance auf ein besseres Leben ist.

Der Wind weht immer noch spürbar kräftig. Ein paar Schneewehen haben sich schon gebildet und kriechen wie kleine Dünen über die Fahrspur. Ich fahre bis weit in die Nacht, um einen geschützten Platz am Flussufer zu finden. Es ist wieder einer der Tage, an dem ich 100 Tageskilometer schaffen könnte. Doch diesmal hindert mich ein atemberaubendes Himmelsschauspiel am Weiterkommen. Schon in der Dämmerung bemerke ich eine weißliche Schliere, die sich von West nach Ost quer über den Himmel zieht. Sie scheint sich zu bewegen, wird mal etwas heller, dann wieder schwächer. Schließlich ein kurzes grünliches Aufleuchten am tiefblauen Osthimmel. Kein Zweifel, das muss ein Polarlicht sein, und zwar ein gewaltiges, wenn es schon jetzt zu sehen ist! Ich fahre erst einmal weiter, werfe aber immer wieder einen kontrollierenden Rundumblick zum Himmel – nach links, nach rechts, nach oben und nach hinten. Falls es zu einer Verstärkung kommt, will ich sie rechtzeitig bemerken, um davon ein paar schöne Fotos machen zu können.

Das Dämmerlicht schwindet, immer mehr Sterne kommen zum Vorschein, doch das Polarlicht verhält sich ruhig. Es ist nach wie vor nur diese eine Schliere erkennbar, die sich unspektakulär über den Zenit spannt. Doch dann kommt plötzlich Bewegung ins Spiel. Der Bogen flammt auf, verwirbelt zu einem Vorhang und breitet sich über den gesamten Südhimmel aus. Ein grelles Grün erhellt die Landschaft, als hätte jemand ein Licht angeknipst. Hastig stelle ich mein Stativ auf und versuche mit meiner Pentax, die schönsten Ausprägungen einzufangen. Das ist mitunter gar nicht so einfach, da sich die Formen schnell verändern und verlagern. Es herrscht eine Dynamik, wie ich sie selten gesehen habe – mit Lichtexplosionen, die sich in einer rasenden Geschwindigkeit und violetten Farbtönen durch das Firmament brennen. Ich stehe regelrecht unter Strom, schaue überwältigt in alle Himmelsrichtungen und lasse die Kamera für eine Weile ruhen. Es ist ohnehin nicht möglich, dieses Spektakel zur Gänze einzufangen. Erst als sich ein paar filigrane Formen am Horizont entwickeln, fotografiere ich munter weiter. Eigentlich bin ich viel zu dünn angezogen und hätte mir längst eine dickere Jacke überziehen sollen, doch in meiner Begeisterung für den Moment vergesse ich geradezu alles um mich herum und spüre nichts von dem frischen Wind, der noch immer unerbittlich über die Eisfläche weht. Mein Kälteempfinden

Abendessen unter dem Nordlicht.

ist wie ausgeschaltet, und dank des euphorischen Zustands, in dem ich mich befinde, scheint mein Körper Energien zu mobilisieren, von denen ich nicht wusste, dass ich sie noch habe.

Allmählich wandert das Himmelsfeuer nordwärts, passiert den Zenit und lässt mich für einen Moment direkt hineinschauen. Strahlen schießen auf mich zu, als würden sie gleich zu Boden kommen – ein unheimlicher Anblick, der mir das Gefühl gibt, direkt in den Kosmos einzutauchen. Ich entscheide mich, noch ein Stück weiterzufahren, irgendwohin, wo es windgeschützt ist und ich auch gleich mein Nachtlager beziehen kann. Auf der Nordseite einer Insel finde ich einen geeigneten Platz direkt hinter dem Schneewall der freigeschobenen Eispiste. Während ich mit dem Herrichten meines Schlafplatzes und dem Kochen meines Abendessens beschäftigt bin, schaue ich weiter staunend in den Himmel, der immer noch in einem hellen Grün mit teils gelben und violetten Farbtönen erstrahlt. Gegen Mitternacht verwischt sich der Formenreichtum mehr und mehr zu einem diffusen Leuchten, das nur noch gelegentlich von senkrechten Strahlen durchschnitten wird. Im Schlafsack liegend, blicke ich noch lange in die surreale Szenerie. Traum und Wirklichkeit scheinen ineinanderzufließen, bis mir unmerklich die Augen zufallen.

WEITER AUF DER JANA

Tags darauf dreht der Wind erstmals auf Nord – Gegenwind! Was das bedeutet, bekomme ich auch sofort zu spüren. Denn es macht einen gewaltigen Unterschied, ob der Wind von hinten oder von vorn kommt, selbst wenn er nur schwach bläst. Dadurch, dass ich ihm entgegenfahre, pfeift er nun mit doppelter Geschwindigkeit durch das Fleece meiner Jacken. Gleichzeitig muss ich mehr in die Pedale treten, um vorwärtszukommen. Ich schwitze und friere zugleich – am Rücken ist mir zu warm, an Brust und Bauch zu kalt. Ich trage meine äußere Jacke verkehrt herum, um dieses Missverhältnis irgendwie auszugleichen. So habe ich das auf meinen früheren Zimnik-Touren auch schon gemacht. Es ist für mich die einzig sinnvolle Methode, um es bei Gegenwind etwas komfortabler zu haben. Dummerweise rutscht die Jacke vorn immer wieder herunter, ich muss sie ständig hochziehen und neu positionieren, was ein wenig nervt. Auch das Gesicht muss ich komplett schützen. Obwohl es mit einstelligen Minusgraden nicht wirklich kalt ist, merke ich, dass ich mir ohne Schutz durchaus Erfrierungen zuziehen könnte. Also fahre ich das erste Mal vollständig verhüllt mit Gesichtsmaske und Skibrille dem Nordwind entgegen. Es ist ein unbequemes Radeln, das mich schnell erschöpft, gerade jetzt, da mein Körper anfängt, auf Sparflamme zu fahren.

Als dann gegen Abend auch noch die Temperatur auf –20 °C absackt, zwickt es mich wieder, in einer schützenden Hütte unterzukommen. Tatsächlich ist etwas in Reichweite, laut Karte die kleine Ansiedlung Sjuegej. Als ich dort in der Dämmerung eintreffe, finde ich allerdings nur ein paar verfallene Gehöfte vor. Der Ort wirkt verlassen und nicht gerade einladend. Nur eine Hütte scheint noch bewohnt zu sein – Rauch steigt aus ihr empor, während davor zwei gereizte Hunde um die Wette kläffen. Das unentwegte Gebell lässt schon bald den Bewohner der Hütte hinaustreten. Oleg ist sein Name, und er lebt hier tatsächlich als Eremit. Er ist der letzte Einwohner des einstigen Dorfes und wirkt nicht besonders gesellig, gewährt mir aber Obdach. Die Hütte ist einfach und pragmatisch ausgestattet. Auf engstem Raum verteilen sich sämtliche Habseligkeiten des Mannes. Alles hat seinen Platz. Das meiste wirkt abgegriffen und gebraucht – mit rustikalem Charme. In der Küche, die man als Erstes betritt, sorgt ein bollernder Ofen für

Vermummt gegen den schneidenden Nordwind. Am Abend erreiche ich die Einsiedlerhütte von Oleg, mitten in der Nacht kommen noch zwei Trucker hinzu.

Von einem Tanklaster lasse ich mir etwas Benzin abfüllen.

die hüttenüblichen T-Shirt-Temperaturen. Holzscheite zum Heizen stapeln sich davor, Handschuhe zum Trocknen hängen darüber. Oleg setzt eine Kanne Teewasser auf und erwärmt einen Topf mit Plov. Ich lege noch einen großen Brocken gekochtes Pferdefleisch dazu, den mir unterwegs ein Trucker zusteckte. Zum Essen setzen wir uns in den Nebenraum, der von einer schwachen LED-Leuchte erhellt wird. Es gibt drei Betten, für Gäste ist also Platz. In der Schlafecke meines Gastgebers sehe ich ein kleines Regal, das bis oben hin mit Büchern vollgestopft ist. Ja – wenn man hier draußen so ein Einsiedlerleben führt, wird man wohl viel Zeit zum Lesen haben. Oleg war früher als Straßenarbeiter tätig, warum er es jetzt nicht mehr ist, traue ich mich nicht zu fragen. Er wirkt mitgenommen, im Gesicht auch ein wenig lädiert, als hätte ihm das Schicksal übel zugespielt. Ein beklemmendes Gefühl überkommt mich bei der Vorstellung, an seiner Stelle zu sein. Bevor wir uns schlafen legen, gehe ich noch einmal hinaus, um ein paar Sachen von meinem Rad zu holen. Ein Polarlicht züngelt mal wieder über den Himmel, voller Anmut und Schönheit über einem Ort der Trostlosigkeit.

Bei schönstem Sonnenschein und wieder auf Süd drehendem Wind fahre ich weiter nordwärts, stets dem Flusslauf der Jana folgend. Hügelig ist das Land drum herum und bietet dem Betrachter immer wieder neue Perspektiven. Am rechten Flussufer zeigen sich streckenweise eindrucksvolle Felswände – Abbrüche metamorpher Gesteinsschichten, die vor Jahrmillionen mal aufgefaltet wurden und seither durch die Kraft des fließenden Wassers Stück für Stück wegerodieren. Der Blick nach links ist dagegen frei. In weiter Ferne, nah am Nordwesthorizont, erkenne ich bereits die mehr als 1.000 Meter hohe Gipfelkette des Kulargebirges, das nördlich von Ust'-Kujga noch bis an den Unterlauf der Jana heranreicht. Mit diesem Panorama vor Augen rolle ich in den Abend hinein. Im Trott meiner Pedalumdrehungen versinke ich in einen meditativen Zustand, während unter mir das Poltern gelockerter Eisplatten zu hören ist: tok-tok – tok-tok-tok – tok – tok-tok ...

In der Dämmerung kommen mir zwei Tanklaster entgegen. Es sind die Brüder Aleksej und Anton, die mir schon am Mittag auf ihrem Weg nach Ust'-Kujga begegneten. Jetzt sind sie wieder auf dem Rückweg – mit vollen Benzintanks und Zeit zum Plaudern. Sie laden mich zu Kaffee, Bier und *Mors* in die Fahrerkabine ein. Derweil stellt mir Aleksej allerhand Fragen. Ihn interessiert meine Marschroute und was ich alles fotografiere. So genau wollte das noch keiner wissen ... Schließlich fällt das Wort »Spion«. Mich verwundert das kein bisschen, und so erzähle ich ihm frei heraus, dass ich diesen Vorwurf schon öfter gehört habe und wie ich ihn zu beantworten pflege.. Doch dann bemerke ich, dass er von seinem Bein aus die ganze Zeit sein Handy auf mich richtet. Anscheinend macht er eine Aufzeichnung von unserem Gespräch. Fragt sich nur, für wen. Für sich oder hat ihn jemand beauftragt? Wer ist hier eigentlich der Spion?

Da ich nichts zu verbergen habe, nehme ich es locker und erzähle ihm weiter, dass ich in Ust'-Kujga noch einmal Proviant und Benzin auffüllen muss, um für die letzte Etappe bis Tiksi gewappnet zu sein. Vielleicht kann er mir ja gleich sagen, wo ich in dem Ort eine Tankstelle finde. »Tankstelle? Du kannst dir gleich bei uns was abfüllen! Hast du eine Flasche?« – »Ja, aber die ist ganz unten im Gepäck« – »Warte, Anton findet schon etwas.« Mit einem Plastikkanister klettert Anton schließlich auf den Tankwagen, öffnet die Luke, schöpft etwas von dem Benzin ab und füllt es mir in eine 1,5-Liter-Flasche. »Super! Vielen Dank! Das sollte bis Tiksi reichen.« Kurz darauf verabschieden wir uns, und ich fahre noch ganze drei Stunden in die Nacht hinein. Wieder einmal flammt ein Polarlicht über das Firmament –

mit Strahlen und Wirbeln, die sich über den ganzen Himmel ausbreiten. Anscheinend habe ich eine aktive Phase erwischt, in der jetzt jede Nacht die Post abgeht.

LETZTER VERSORGUNGSPOSTEN

Ust'-Kujga erreiche ich am nächsten Nachmittag. Nur fünfeinhalb Tage habe ich für die 400 Kilometer lange Etappe von Batagaj gebraucht. Regelrecht geflogen bin ich – mit durchschnittlich 70 Kilometern am Tag. Wie passend, dass ich mich jetzt auf dem 70. Breitengrad befinde. Wenn auf meiner Route irgendwo die Arktis beginnt, dann hier. Ust'-Kujga ist das Tor! Am liebsten würde ich sofort hindurchfahren, doch ich muss noch einen Zwischenstopp einlegen. Bis zu meinem Endziel Tiksi ist dies mein letzter Versorgungsposten. Wie die meisten größeren Siedlungen des Nordens, die einst zur Ausbeutung der umliegenden Rohstofflager aus dem Boden gestampft wurden, ist auch Ust'-Kujga inzwischen zu einer Kulisse des Verfalls verkommen. Anfang der 1950er-Jahre wurde der Ort als Umschlagbasis für die gesamte Bergbauregion errichtet und gewann damit rasch an Bedeutung. Immer mehr Menschen kamen, vor allem Russen und Ukrainer, die hier Arbeit und eine neue Heimat fanden. Auf über 5.000 stieg die Einwohnerzahl bis 1990. Doch dann, nach dem Ende der Sowjetunion, wurden die staatlichen Mittel auf ein Minimum reduziert. Bergwerke mussten schließen, und die Menschen wanderten wieder ab. Kaum 700 sind geblieben und bewohnen die letzten noch intakten Holzhäuser.

Wie es wohl weitergeht? Nicht unbedingt bergab, es gibt inzwischen neue Perspektiven. Ganz in der Nähe befindet sich die größte noch unerschlossene Erzlagerstätte Russlands – nur fünf Kilometer von der Jana entfernt, am Rande des Kulargebirges: das Kjutschus-Goldvorkommen. 180 Tonnen Gold und 25 Tonnen Silber sollen hier noch lagern. Doch um diesen Reichtum abzubauen, braucht es Elektrizität, für die es in Ust'-Kujga nicht genug Dieselmotoren gibt. Ohnehin ist die Beschaffung von Brennstoffen wie Kohle und Öl ein langwieriges und teures Unterfangen, weshalb sich der Abbau der Erze unter den gegebenen Umständen nicht lohnen würde. Daher plant man schon seit einigen Jahren, ein kleines Kernkraftwerk zu bauen. In naher Zukunft könnte sich also noch einiges verändern. Gut für die hiesige Bevölkerung und den rohstoffhungrigen Staat, aber für die Natur? Wohl kaum ... Dort, wo der Bergbau bereits Fuß fassen konnte, hat er eine Spur der Verwüstung hinterlassen: zerstörte Vegetation, verseuchter Boden, vernarbte Landschaften. In Sibirien gibt es genügend Orte, an denen man sich von dem traurigen Ergebnis bergbaulichen Treibens überzeugen kann. Es wäre wünschenswert, dass die großartige Natur dieses unermesslichen Landes nicht noch mehr Zerstörung erfahren müsste.

Der sibirische Norden war für mich immer ein Inbegriff für menschenleere Weite und unberührte Natur. Doch vor dem Hintergrund, dass hier vor drei Jahrzehnten richtig was los war, verschwimmt dieses Bild zusehends zu einer romantischen Vorstellung, die der Desillusionierung versucht davonzulaufen. Der Mensch war im Prinzip schon überall und hat selbst in den entlegensten Ecken seine Spuren hinterlassen. Spuren, die auch nach Jahrzehnten noch von einer lebhaften Zeit erzählen. Immerhin: So wenig Menschen wie jetzt gab es hier zuletzt vor 70 oder 80 Jahren – zu einer Zeit, als man gerade erst begann, diese abgelegenen Gebiete wirtschaftlich zu erschließen. Einsamer könnte es auf einer Radtour also kaum zugehen, denn wenn hier ganz und gar niemand mehr leben würde, gäbe es auch diese Vielzahl an Winterstraßen nicht mehr.

Kurz vor dem Hafen fahre ich in den Ort. Verlassene und verfallene Häuser prägen das Bild. Dazwischen Schrott,

In Ust'-Kujga, meinem Tor zur Arktis, stocke ich noch einmal den Proviant auf.

Rohre und Leitungen. Die Straße ist schwarz von der Kohle, der Schnee grau vom Ruß des Kraftwerks. Wie in Batagaj stößt es in regelmäßigen Abständen dunkle Rauchwolken aus. Im leicht belebten Zentrum dann ein paar gepflegte Gassen mit bewohnten Häusern, sogar eine orthodoxe Kirche mit goldpoliertem Zwiebelturm hat man hier vor einigen Jahren errichtet. Allerdings wartet das Dach noch immer auf seine Fertigstellung. Genau hier werde ich auch das erste Mal angesprochen – vom Ortspolizisten, der aus seinem Streifenwagen steigt und ohne Umschweife nach meinem Pass verlangt. Das Protokoll aus Batagaj will er auch gleich sehen. Offenbar wurde er über mein Kommen informiert und über alle Details unterrichtet. Das scheint ihm aber nicht zu genügen. Er behält meinen Pass als Pfand und lotst mich direkt zur Administration.

Ich soll mit reinkommen und nehme Platz im Wartezimmer vor seinem Büro. Eine Stunde lässt er mich hier sitzen, ohne ein Wort darüber, was der Grund dafür ist. Ich höre nur, wie er am laufenden Band telefoniert. Gibt es etwa schon wieder ein Problem, oder versucht er krampfhaft, ein neues zu finden? Als er endlich fertig ist, scheint er noch immer nicht so richtig zu wissen, was er mit mir anstellen soll. Ich frage, ob es ein Problem gibt? »Hat es was mit der Grenzzone zu tun? Ich habe ein Permit, der Chef der Grenzabteilung Tiksi hat es mir genehmigt!« Eigentlich sollten die lokalen Behörden Bescheid wissen. Warum sonst dieser ganze Aufwand mit der Beantragung und Genehmigung? Offensichtlich wusste er nichts davon und will das Dokument auf einmal sehen. Prompt folgt eine Belehrung zum Betreten der Grenzzone, die ich auch unterschreiben muss, bei einem Regelverstoß drohen mir 500 bis 1.000 Rubel Strafe. Ein Verstoß wäre auch das zu frühe Betreten der Zone. Dann erklärt er mir noch, dass die Zone angeblich gleich hinter Ust'-Kujga beginnt und alle folgenden Dörfer mit einschließt. Auf meinem Permit steht allerdings nur der Zielort Tiksi und dass ich ein Zeitfenster von zehn Tagen habe, um diesen Ort zu erreichen und wieder zu verlassen – vom 6. bis 15. April. Wenn ich also morgen schon die Grenzzone betrete, ist das streng genommen eine Woche zu früh. Die Alternative wäre, eine Woche zu warten, doch dann komme ich garantiert zu spät nach Tiksi ... Verflixt noch mal, es ist zum Verrücktwerden und total absurd! Der will mir tatsächlich ein Bein stellen, mich auflaufen lassen, obwohl ich absolut korrekt und regelkonform eine Genehmigung erhalten habe. Was hätte ich denn noch alles machen sollen, um diesen wirren Regelungen zu entsprechen? Der Fehler liegt nicht bei mir, also lasse ich es darauf ankommen. Soll er mir nur auflauern, während ich seine imaginäre Linie übertrete.

»Wie sieht es mit einer Unterkunft aus? Gibt es hier etwas?«, frage ich. Er nickt, telefoniert kurz und führt mich schließlich zu einem Holzhaus mit mehreren Zimmern. Die Verwalterin der Gästeunterkunft ist gerade nicht da, aber ich darf schon rein. Dann verabschiedet sich mein Problem-Polizist, als wäre alles geklärt. Ich verfrachte all mein Gepäck ins Innere und parke mein Rad im Flur. Ich will noch heute den Proviantkauf abhaken, damit ich morgen nach dem Einpacken gleich losfahren kann. Ein *Magazin* hat noch offen, das Angebot ist überschaubar, aber ich bekomme alles, was ich für die nächsten zwei Wochen brauche: 800 Gramm Wurst, 500 Gramm Speck, 700 Gramm Butter, 2.500 Gramm Nudeln, 800 Gramm Hafer, 600 Gramm Rosinen, des Weiteren Datteln, Schokolade, Halva, Kekse, *Prjaniki* ... Die Preise sind gepfeffert, ein Vielfaches von dem in Jakutsk. Schuld sind die enorm langen Transportwege. Für alles zusammen bezahle ich 4.400 Rubel (fast 75 Euro).

Zurück in der Unterkunft, treffe ich schließlich Aljona, die Hausverwalterin. Sie ist jung – jünger als ich mir

Eben noch war ich ein potenzieller Regelbrecher, jetzt ein vermeintlicher Star. Ich stelle mich neben sie und lächle mit ihr in die Kamera. Klack-klack. Dann steckt sie das Handy wieder weg, öffnet die Tür und freut sich wie ein pubertierendes Mädchen.

die hiesige Verwalterin vorgestellt habe. In ihrem Büro bezahle ich den Obolus für eine Nacht: 850 Rubel. Wie üblich muss ich auch meine Passdaten hinterlegen und bekomme eine Quittung. Ich will gerade wieder gehen, da schließt sie plötzlich die Tür. Erwartungsvoll schaut sie mich an, streicht ihre Haare zurück und flüstert mir etwas zu. Ich verstehe sie nicht ganz, erst als sie ihr Handy hochhält, wird mir klar, was sie möchte: ein Selfie. Eben noch war ich ein potenzieller Regelbrecher, jetzt ein vermeintlicher Star. Ich stelle mich neben sie und lächle mit ihr in die Kamera. Klack-klack. Dann steckt sie es wieder weg, öffnet die Tür und freut sich wie ein pubertierendes Mädchen.

Ein wenig schmunzelnd begebe ich mich zurück in mein Zimmer. Es hat drei Betten – genug Platz, um alles auszubreiten. Die Akkus für die Kameras müssen noch geladen werden. Ich habe zwar ein Solarpaneel dabei, doch die AA-Akkus, die ich damit laden kann, nimmt die Pentax aus unerfindlichen Gründen schon seit Jakutsk nicht mehr an. Ob der Batterieadapter kaputt ist? Ich kann es nicht ändern und muss nach wie vor mit meinen sieben Lithium-Ionen-Akkus haushalten, um durchweg fotografieren zu können. Auf Zeitrafferaufnahmen von Polarlichtern werde ich unter diesen Umständen verzichten müssen. Dann springe ich noch schnell unter die Dusche. Einen Moment lang zögere ich, als ich die Kabine betrete. Es ist eine ranzige Zelle mit vergilbten Fliesen, vergammeltem Heizkörper, schmierigem Fußboden und zwei improvisiert hochgebundenen Duschköpfen. Auch das Klo nebenan wirkt wie ein klischeehaftes Schaustück aus einer längst vergessenen Epoche: eine Hocktoilette mit geriffelten Trittflächen und auseinanderfallendem Spülkasten, dahinter kräuselt sich die stockige Tapete von der feuchten Wand. Die Zeit scheint hier sprichwörtlich stehen geblieben zu sein. Konservierter Sowjetcharme umgibt mich – alles wie damals, nur ein bisschen vernachlässigt.

8

SCHNEEVERWEHT INS NIRGENDWO

TAG 27, KILOMETER 1.195

Taube Hände und schmerzende Arme lassen mich am Morgen erwachen. Es ist ein unangenehmes Gefühl, dem ich sofort etwas entgegensetzen muss. Ich stehe auf, schüttle, kreise und massiere sie, bis endlich wieder Leben in die Finger zurückkehrt. Seit einigen Tagen scheint sich das Problem zu verschärfen, vor allem morgens plagt es mich besonders. Die tagtägliche Belastung beim Lenken, das ständige Manövrieren des viel zu schwer beladenen Fahrrads scheinen sich immer mehr auf die Nervenbahnen auszuwirken. Wie lange das wohl noch gut geht?

Kaum bin ich aufgestanden, bekomme ich schon Besuch. Es ist wieder der Polizist. Er zeigt auf seine Uhr und will wissen, wann ich abfahre. »Keine Ahnung. Ich brauche noch etwas Zeit zum Packen.« – »Vielleicht

Sibirische Tundra auf Nordkap-Niveau.

ist es besser, noch etwas zu bleiben. Eine *Purga* zieht auf.« Von der *Tschernaja Purga,* dem »Schwarzen Schneesturm«, habe ich schon einiges gehört. Es ist die Art von Schneetreiben, bei der man angeblich seine Hand vor Augen nicht mehr sieht. Ein paar Mal haben mich die Leute schon gewarnt: »*Purga budet*« – »Ein starker Schneesturm wird kommen«. Doch am Ende zog einfach nur der Wind ein bisschen an. Nichts, was mir ernsthafte Probleme bereitet hat. Bei Kälte und Sturm wird gern mal übertrieben. »Ja, ja ...«, winke ich ab. »So eine Purga habe ich schon öfter erlebt. Wer weiß, ob sie überhaupt kommt.« Das Wetter sieht gut aus. Es ist mild, und die Sonne scheint. Ich kann mir tatsächlich nicht vorstellen, dass heute noch ein richtiger Schneesturm toben soll. Der Polizist trabt wieder ab. Ob er mir später auf der Piste auflauern wird, um mich beim Betreten der Grenzzone abzupassen? Zutrauen würde ich es ihm.

Als ich am späten Mittag zur Weiterfahrt aufbreche, fängt es ein wenig an zu flöckeln. Es ist aber immer noch die Sonne zu sehen, und der Wind ist kaum stärker als an den anderen Tagen. Da ist sie also wieder: die berüchtigte Purga in Kuschelversion. Ich rolle zurück an die Stelle, an der ich gestern in den Ort eingebogen bin. Es ist der einzige Zugang zur Eisstraße. 340 Kilometer sind es von hier bis Nizhnejansk, dem Endpunkt des »Jana-Zimniks«. So weit werde ich aber nicht fahren, ich will schon vorher am Ort Severnyj nach Westen abbiegen. Dort soll der »Bulun-Zimnik« beginnen, der weiter bis nach Tiksi führt. 120 Kilometer sind es bis zum Abzweig – für mich die letzten Kilometer auf dem Eis der gefrorenen Jana.

Während ich Ust'-Kujga verlasse, passiere ich einige Frachtschiffe, die mitten auf dem Fluss im Eis parken. Eingefroren warten sie hier bis zur nächsten Navigationsphase. An einem der Schiffe brennt ein Licht, offenbar nutzt man die Zeit für ein paar Reparaturarbeiten. Kurz dahinter kommt mir der erste Lastwagen entgegen. Der Fahrer hält und kurbelt sein Fenster herunter. Auch er warnt mich vor der Purga. Hmm ... Vielleicht ist diesmal doch etwas dran. Dann erzählt er mir noch von einem Radfahrer, der 1994 (oder in den Achtzigern?) von Nizhnejansk bis Vladivostok gefahren sein soll. Leider verstehe ich ihn kaum, das laute Rattern des Motors verschluckt die Hälfte seiner Wörter. Ich höre noch das Wort *brat* – Bruder. Ist er etwa der Bruder des ominösen Radreisenden? Es wäre interessant, noch etwas mehr zu erfahren, doch er muss weiter. Erst vier Jahre später finde ich durch einen Zufall heraus, wer dieser Radfahrer war: Pavel Konjuchov, der Bruder des berühmten Abenteurers Fedor Konjuchov. In einer kleinen Gruppe, die von einem Fahrzeug begleitet wurde, bewältigte er die fast 6.000 Kilometer lange Strecke in nur 80 Tagen[7].

Inzwischen hat sich der Himmel merklich verdunkelt, und aus dem Geflöckel scheint richtiger Schneefall zu werden. Sei es drum, man kann nicht immer Schönwetter haben. Doch dann, ganz plötzlich, pfeifen aus Nordwesten ein paar Böen über den Weg und wirbeln den bereits gefallenen Schnee wieder in die Höhe. Jetzt wird doch noch ein Sturm daraus, und zwar ein faustdicker. Mit brachialer Stärke bläst er mir ins Gesicht. Ich muss mich komplett vermummen, ohne Skibrille kann ich beim Fahren nicht mehr geradeaus schauen. Immer schwieriger wird auch mein Vorankommen, sodass ich schon mit dem Gedanken spiele umzukehren. Doch vor mir sehe ich bereits, wie die Jana einen Knick nach Nordosten macht. Vielleicht reicht das, um aus der Windschneise herauszukommen. Zu Füßen der hohen Flussböschung hätte ich die Chance, einen geschützten Platz für die Nacht zu finden. Also kämpfe ich mich noch ein paar Kilometer vorwärts.

Der Untergrund splittert, es ist immer noch Flusseis unter mir. Sehr gut! In Eis kann ich die Schrauben richtig hineindrehen. Jetzt hält das Ganze, und ich bin bereit, mich einzurichten. Mir ist allerdings immer noch schleierhaft, wie ich ein Tunnelzelt bei Schneesturm in der schutzlosen Tundra aufstellen soll.

Als ich die angepeilte Flussbiegung erreiche, nimmt der Wind tatsächlich ab. Nur die Böen sind gelegentlich noch so kräftig, dass sie mich fast umwerfen. Ich stoppe und trete eine Spur ans steile Ufer. Der Platz ist in Ordnung. Entweder hier oder wieder zurück, ich werde nichts Besseres finden. Also mache ich mich daran, das Zelt auszupacken und aufzubauen, was zum Glück ohne Probleme gelingt. Doch als mal wieder eine Windböe vom Hang herabweht, lösen sich die Heringe, und das Tunnelzelt fällt sofort in sich zusammen. Der Schnee ist einfach zu locker, um eine sichere Verankerung zu bilden. So fest ich ihn auch zusammendrücke, er hält nicht. Meine Rettung sind vier Eisschrauben, die ich nun das erste Mal in den Boden schlage. Der Untergrund splittert, es ist immer noch Flusseis unter mir. Sehr gut! In Eis kann ich sie richtig hineindrehen. Jetzt hält das Ganze, und ich bin bereit, mich einzurichten. Mir ist allerdings immer noch schleierhaft, wie ich ein Tunnelzelt bei Schneesturm in der schutzlosen Tundra aufstellen soll.

Auf einmal ein bizarres Knirschen im Eis. Es wird lauter und lauter, bäumt sich quietschend und tuckernd auf, bis es in ein höllisches Knarren übergeht. Es klingt, als ob das Eis unter mir jeden Moment zu bersten beginnt und mich in eine tiefe Spalte fallen lässt. Doch nichts dergleichen passiert. Stattdessen ein Motorengeräusch, das sich aus der Ferne nähert. Ein schwer beladener Kohlelaster aus Nizhnejansk passiert die Eisstraße unmittelbar neben meinem Lagerplatz. Erst als er vorbei ist, ebbt das Knirschen und Knattern des Eises wieder ab. Unter der Last der fahrenden Trucks scheinen sich im Eis enorme Spannungen aufzubauen, die in Ufernähe schon mehrere Hundert Meter vorab zu spüren sind. Im Laufe der Nacht werde ich noch ein-, zweimal von dieser unheimlichen Geräuschkulisse aus den Träumen gerissen. Zum Glück wohl wissend, dass ich nicht gleich in den Tiefen des Flusses verschwinden werde.

Vor dem Hafen von Ust'-Kujga warten ein paar eingefrorene Schiffe auf den Sommer.

Am nächsten Morgen weckt mich lichtdurchflutete Stille. Bei wieder abgeflautem Wind aus südlicher Richtung strahlt die Sonne von einem tiefblauen Himmel ganz ohne Wolken – ein Kaiserwetter vom Feinsten. Kontrastvoll erscheinen die blendend weißen Gipfel des Kulargebirges, das auf den nächsten Kilometern direkt an den Flusslauf heranreicht. Es ist die landschaftlich schönste Etappe entlang der Jana. Die Schneeverwehungen von gestern sind schon alle wieder breitgefahren. Nichts erinnert mehr daran, dass hier vor Kurzem noch ein Sturm tobte. Erst als das Gelände wieder flacher wird, tauchen im Flussbett ein paar freigeblasene Sandflächen auf – ein ungewohntes Bild in der sonst komplett weißen Schneelandschaft. Hier finde ich auch das erste Mal großflächiges Blankeis. In Schwarz und Blau erscheint der transparente Eispanzer. An einigen Stellen kann ich darunter das Wasser fließen sehen.

BEGEGNUNG MIT EINEM FILMTEAM

Gegen Abend treffe ich mal wieder auf ein Naled. Der gesamte Flusslauf ist überflutet, nur der Schneewall der versunkenen Fahrspur schaut noch heraus und deutet den einstigen Verlauf der Eisstraße an. Auch hier gibt es schon eine Umgehung über den etwas höher gelegenen Uferbereich. Allerdings mit großen Löchern im Eis – für manche Trucks ein Problem, wie es scheint. Gerade kommt mir nämlich eine Kolonne vollbeladener Kohlelaster entgegen, die ihre Fahrzeuge trotz vorhandener Umleitung unbeirrt durch die Wassermassen jagt. Eisschollen krachen gegen die Stoßstangen. Irgendwann wird das Fahren zu mühsam, das Wasser zu tief, das zu brechende Eis zu dick. Sie kürzen ab und fahren aus der Wasserlache hoch zur trockenen Umgehungsspur. Die Auffahrt jedoch ist steil, eines der Fahrzeuge schafft es nicht und bleibt im Randschnee stecken. Ein *Kamaz,* der nicht so schwer beladen und schon oben angekommen ist, zieht den stecken gebliebenen Koloss mitsamt Anhänger die letzten Meter an einem Seil hinauf. Die Räder drehen durch, der Motor qualmt, doch er schafft es. Einfach irre, mit was für einer Gewissheit sich die Fahrer hier ihren Weg durch diesen augenscheinlich unüberwindbaren Eisbrei bahnen. Mit dem Rad würde ich da nie durchkommen.

Ich wähle natürlich die trockene Ausweichstrecke. Um die Eislöcher komme ich problemlos herum. Doch am Ende bleibt noch eine kleine überflutete Passage, die ich nur abgepackt auf dem Schneewall umgehen kann. Auch wenn die Wasserlache an dieser Stelle nicht wirklich tief zu sein scheint, will ich nicht hindurchfahren oder -schieben. Alles Wasser am Rad würde zu Eis gefrieren, das ich nicht mehr ohne Weiteres entfernen könnte. Auch ist mir das Risiko zu groß, dass mir wie hinter Topolinoe die Scheibenbremsen einfrieren. Aber vielleicht muss ich auch nicht alles einzeln über den Schneewall tragen. Ein Fahrzeug taucht hinter mir auf und nähert sich genau im richtigen Moment – es könnte beim Furten einen Teil meines Gepäcks mitnehmen. Doch dann tut sich auf einmal nichts. Der Lastwagen fährt nicht weiter. Er hat offenbar Probleme, an den Eislöchern vorbeizukommen. Wer weiß, wie lange das dauert, immerhin dämmert es schon. Da bin ich im Alleingang wahrscheinlich schneller. Genauso ist es dann auch. Erst als ich wieder beim Bepacken bin, setzt sich der Lkw in Bewegung. Er holt mich schließlich ein und stoppt neben mir. Es ist ein weißer *Ural* mit Wohnkabine. Einer der zwei Fahrer steigt aus und kommt auf mich zu.

»Hallo, ich bin Aleksej. Wo willst du hin?« Ich erkläre ihm, dass ich nach Tiksi will und vor 28 Tagen in Jakutsk gestartet bin. »28 Tage!? Komm erst einmal ins Auto, trink einen Tee mit uns und wärm dich etwas auf!«

Als ich gerade mein Rad ablege, steigt noch ein älterer Herr mit roter Jacke aus dem Truck. »Hallo, Richard!«,

Nach Durchzug eines Schneesturms erstrahlt der Himmel wieder in kontrastvollem Licht. Am Abend treffe ich auf ein deutsch-russisches Filmteam.

ruft er mir in deutscher Sprache zu. »Wir haben uns schon gefragt, ob du wirklich existierst. Seit Topolinoe erzählen uns die Leute von einem Deutschen auf dem Fahrrad.« Ich bin völlig überrascht, hier draußen einen Landsmann zu treffen, aber wahrscheinlich geht es ihm genauso. »Wolfgang Mertin, Dokumentarfilmer. Wir drehen eine Reportage über die Eisstraße ins Polarmeer.« Wolfgang ist 75 Jahre alt und schon seit Langem als Filmemacher tätig. Unzählige Dokumentationen hat er bereits gedreht, die meisten über das Leben und die Menschen in Russland. Eigentlich sollte mir sein Name ein Begriff sein. Doch wie üblich, hält er sich im Hintergrund und lässt nur seine Protagonisten zu Wort kommen. Sein Filmteam besteht aus zwei russischen Kameramännern – Juri und Andrej aus Moskau. Sie verpassen mir ein kleines Mikrofon und lassen mich noch einmal die Begrüßungsszene mit Aleksej nachstellen – für ihre Doku. »Ein Radfahrer auf der Polartrasse – das wird das i-Tüpfelchen unserer Reportage!«, ist Wolfgang überzeugt.

Als die Szene im Kasten ist, setzen wir uns ins Fahrzeug. Bei einem heißen Tee komme ich jetzt mit Kostja, dem zweiten Fahrer, ins Gespräch. Er stellt mir allerlei Fragen, so wie ich es schon etliche Male bei den vielen herzlichen Einladungen in die Fahrerkabinen der Eistrucker erlebt habe. Juri filmt. Sie wollen unsere Begegnung so authentisch wie möglich festhalten. »Erzähl mal! Wer hat dich auf diese gefährliche Strecke geschickt? Mit dem Fahrrad? Warum machst du das? Für einen Sponsor oder als Werbung?« – »Nein. Das mache ich aus eigenem Interesse. Ich möchte Jakutien und den Norden erleben.« – »Wie weit willst du fahren?« – »Bis Tiksi. Es wird nur schwer bei Schneesturm oder falls es keine Fahrspuren mehr gibt. Aber wenn es sie gibt, werde ich es schaffen.« – »Vielleicht fährst du einige Kilometer mit uns, schläfst und erholst dich ein bisschen hier im Warmen?« – »Nein, auf keinen Fall! Ich fahre auf meinem Fahrrad weiter.« – »Verstehe. Du willst dich selbst prüfen.«

Im Prinzip hat er recht, obwohl es mir weniger darum geht, etwas zu beweisen, als darum, die gesamte Strecke mit allen Sinnen zu erleben, nichts zu verpassen. Und natürlich auch um das besondere Gefühl, am Ende sein selbst gestecktes Ziel aus eigener Kraft erreicht zu haben. Als der Tee ausgetrunken ist, geben sie mir noch etwas Schokolade mit auf den Weg – »Energie« für unterwegs ... »So, Leute, ich muss weiterfahren. Vielen Dank für eure Gastfreundschaft!« – »Wir treffen uns, die Erde ist rund«, sagt Kostja noch zum Abschied. Dann schwinge ich mich aufs Rad und fahre in das Dunkel der Nacht. Auch der *Ural* setzt seine Reise fort und fährt noch ein Stück vor mir her. Juri filmt mich aus der Hecktür, bis wir uns aus den Augen verlieren. Das war's – Ende der Szene.

Jetzt kommt der inoffizielle Teil. Da ich während der Filmaufnahmen keine Gelegenheit hatte, mich mit Wolfgang und seinem Filmteam auszutauschen, halten sie noch einmal an und holen mich erneut in ihr Fahrzeug. Jetzt erfahre ich, dass sie nicht nur nach Tiksi, sondern noch ein ganzes Stück weiter bis ins Lenadelta fahren wollen, zu einer polaren Forschungsstation auf der Insel Samojlovskij. Sie erzählen, dass dort auch Wissenschaftler des deutschen Alfred-Wegener-Instituts und des Geoforschungszentrums stationiert sind, um im Rahmen eines internationalen Forschungsprojekts mehr über den Permafrost Nordsibiriens zu erfahren. Und dass die Aufgabe der beiden Fahrer Aleksej und Kostja darin besteht, den Wissenschaftlern wichtige Forschungsausrüstung zu überbringen, deren Transport über die Eisstraßen einfacher und preiswerter ist als über den Luftweg.

Beim gemeinsamen Abendbrot reden wir noch viel über Russland, die Menschen und über Abenteuer, die man mit ihnen in diesem Land unweigerlich erlebt. Wolfgangs Repertoire an hörenswerten Geschichten ist unerschöpflich. In seiner sympathisch gesprächigen Art erzählt er so manche Anekdote aus seinem bewegten Leben als Journalist und Filmemacher. Zu Sowjetzeiten arbeitete er in Moskau als Auslandskorrespondent des DDR-Fernsehens, später dann als Dokumentarfilmer. Etwa 40 Filme hat er produziert, fast die Hälfte davon für den Fernsehsender *arte*. Dabei drehte er vorzugsweise in den entlegenen Gebieten Russlands – unter anderem in Kamtschatka, auf der Jamal-Halbinsel oder entlang der Baikal-Amur-Magistrale. Immer im Fokus: das Leben der einfachen Leute. Ein unpolitisches Bild Russlands zu zeichnen war stets sein Anliegen, und die jetzige Reportage zur *Eisstraße ins Polarmeer*, von der er mehr als 20 Jahre geträumt hat, soll nun auch seine letzte über Russland sein – der krönende Abschluss einer außergewöhnlichen Dokureihe.

Mich beeindruckt die Energie dieses Mannes, der trotz seines Alters noch zu solch ambitionierten Abenteuern aufbricht, um spannende Einblicke für die Fernsehzuschauer einzufangen. Zwei Wochen leben sie hier zu fünft auf engstem Raum, alle in einem Lkw, das Filmteam als unmittelbare Crew der Protagonisten. Dichter und persönlicher geht es kaum, um einen hautnahen Einblick in den Lebensalltag der beiden Eistrucker zu bekommen. Sie laden mich noch einmal ein, bei ihnen zu bleiben. Jetzt nur für die Nacht, denn es ist schon spät, sodass sie erst morgen weiterfahren werden. Damit kann ich mich arrangieren und nehme dankend an. Kostja fährt den Truck noch ein Stück in den Randschnee, um die Eisstraße nicht zu blockieren. Dann legt sich jeder auf eine Pritsche, und wir verbringen die Nacht zu sechst in der kleinen Wohnkabine.

Bei Sonnenaufgang sind schon wieder alle auf den Beinen. Der erste Akt: eine kurze Morgenwäsche unter freiem Himmel. Wolfgang steht mit freiem Oberkörper am Truck und putzt sich die Zähne, als wären wir auf einem Sommerausflug. Dann gehen wir zum Frühstück über. Es gibt Ei mit Speck, als Bonus noch ein paar Süßigkeiten. Für den Weg füllen sie mir noch heißes Wasser ab. Dann heißt es auch schon Abschied nehmen. Wir wünschen uns Glück auf der Weiterreise, denn uns allen steht der schwierigste Abschnitt noch bevor. Wolfgang werde ich später in Berlin wiedertreffen – beim Schneiden und Besprechen der Reportage[8]. Und Aleksej vielleicht schon in Tiksi. Er hat mich eingeladen, ihn zu besuchen, sobald ich die Polarhafenstadt erreiche. Irgendwann, als sie schon lange weg sind, bemerke ich eine Kritzelei auf meiner großen Packtasche. Aleksej hatte mir unbemerkt seine Telefonnummer aufgeschrieben.

BULUN-ZIMNIK

Auf der Jana fahre ich weiter nach Severnyj. Ein blendend weißes Licht liegt über dem Land. Eines, das mich regelrecht ermüdet. Als mir fast die Augen zufallen, halte ich an und gönne mir ein kleines Nickerchen am Rad. Stehend lege ich mich halb über das Gepäck und nicke tatsächlich für einen Moment weg. Erst als eine Kolonne Kohlelaster vorbeikommt, werde ich endlich munter. Es sind jakutische Trucker, die mir schon zum vierten Mal begegnen. Unser erstes Treffen war noch vor dem Pass Ol'tschan, als ich gerade dabei war, unterm Mondhalo mein Zelt aufzubauen. Mann, ist das schon lange her! Gefühlt liegen ganze Welten dazwischen ...

Am Nachmittag erreiche ich schließlich den Ort Severnyj und mit ihm den Abzweig zum »Bulun-Zimnik«. Nach neun Tagen und mehr als 500 Kilometern entlang der Jana verlasse ich nun den Flusslauf, der für mich wie eine Eisautobahn war. In Windeseile hat sie mich in den arktischen Norden vordringen lassen. Ab jetzt heißt es

Kurs Westnordwest – auf Nordkap-Niveau in Sibirien! Als ich die Anhöhe erklimme, auf der sich die Siedlung befinden soll, sehe ich nichts als Schrott und Ruinen. Es sieht aus, als hätte man den Ort bombardiert – absolut nichts ist mehr intakt. Lediglich am Jana-Ufer, weit abseits vom ursprünglichen Ortskern, erkenne ich noch ein paar bewohnte Holzhütten. Gut, dass ich nicht mehr damit gerechnet habe, hier oben Proviant nachkaufen zu können, denn auf allen Karten ist Severnyj noch als ein bedeutender Ort verzeichnet. Dabei ist hier schon seit 1998 nichts mehr los, wie ich erst nach der Reise herausfinden werde. Denn als die Bergwerke dichtmachten, hat man auch gleich die komplette Siedlung aufgegeben.

Entsprechend einsam ist auch die Piste. Es gibt nur wenige Fahrspuren, die hauptsächlich von Schneemobilen herrühren. Auf den Anhöhen sind sie verweht, wahrscheinlich vom letzten Schneesturm. Immerhin hat man den Weg schon wieder freigeräumt, obwohl er kaum frequentiert ist. Je höher ich komme, desto besser werden die Ausblicke. Die Baumgrenze ist schon bei 100 Metern erreicht. Ein paar letzte Krüppellärchen, dann umgibt mich nur noch Tundra. Ein angenehm warmes Licht liegt über der kargen Hügellandschaft. Kein Mensch, kein Fahrzeug, einfach nur Stille. Es kommt mir vor, als hätte ich eine Hauptstraße verlassen, um jetzt in die totale Abgeschiedenheit einzutauchen. Der Einsamkeit vollends ausgesetzt, bleibt mir nur noch das Zwiegespräch mit mir selbst und den Kräften der Natur.

Vielen macht die Einsamkeit Angst, weil sie glauben, sich in ihr zu verlieren. Für mich ist das Gegenteil der Fall. Schon gegen Ende meiner Schulzeit habe ich mich immer wieder gefragt, wie sehr mich mein Umfeld beeinflusst, welche meiner Ansichten, Überzeugungen und Träume tatsächlich zu mir gehören und was mir möglicherweise von außen aufgedrückt wird. Wer bin ich ohne mein gewohntes Umfeld? Was ist der Maßstab für ein erfülltes Leben, das ganz und gar mir entspricht? Für mich war klar, dass ich das nur herausfinden kann, wenn ich mal für längere Zeit ganz allein bin. So wie auf meiner ersten richtig langen Soloradtour, als ich im Sommer 2001 die Ostsee umrundete und dabei wochenlang durch die einsamen Waldgebiete Skandinaviens streifte. Denn eine Reise mit tagtäglich wechselnden Horizonten bedeutet Freiheit – Freiheit von wiederkehrenden äußeren Einflüssen. Die einzige Konstante, die dann bleibt, ist man selbst.

Und trotzdem hat es ganze drei Wochen gedauert, bis auch mein Kopf auf Reisen war. Drei Wochen, in denen sich meine Gedanken noch nicht von dem lösen konnten, was war, was wird und was gewesen wäre. Gedanken, die dann mit einem Mal verschwanden, als hätte jemand einen Schalter im Kopf umgelegt. Das war der Moment, an dem ich anfing, dem Alleinreisen etwas abzugewinnen. Denn ich war endlich im Hier und Jetzt angekommen und mit allen Sinnen nur noch auf das fokussiert, was mich gerade umgab. Fortan war das unmittelbare Erleben viel präsenter, viel intensiver, während ich immer deutlicher erkannte, was mich wirklich ausmacht, was meinem Wesen entspricht. Und wie wenig es braucht, um zufrieden zu sein. Dieser klare Blick auf mich selbst, den ich nur in der Einsamkeit finden konnte, gab mir schließlich die Zuversicht und das Selbstvertrauen, auch in anderen Bereichen des Lebens unbeirrt meinen eigenen Weg zu gehen.

Während ich durch die hügelige Tundra fahre, scheint mir die untergehende Sonne ins Gesicht. Ich spüre, dass ich voll und ganz hier bin. Dass ich auf dem richtigen Weg bin – meinem Weg, den ich selbst gewählt habe und der mich und mein Leben auf eine besondere Weise bereichert. Ich bin fest davon überzeugt, dass man mit

Bei schönstem Winterwetter biege ich ab auf den kaum noch befahrenen »Bulun-Zimnik«.

seinem ganzen Wesen dabei sein muss, positiv nach vorn schauend und ohne den geringsten Zweifel über die Richtung, die man eingeschlagen hat, um an großen Herausforderungen nicht zu scheitern. Ein ambitioniertes Ziel kann nur erreichbar sein, wenn man sich zu 100 Prozent mit ihm identifiziert. Dazu gehört auch der Weg dorthin. Das gilt umso mehr, wenn man etwas wagt, das zuvor noch keiner gewagt hat.

In der Abenddämmerung erreiche ich eine kleine sattelförmige Passhöhe. Es sind die nördlichsten Ausläufer des Kulargebirges, die hier kaum mehr als 300 Meter in die Höhe ragen. Plötzlich sehe ich ein paar Lichter, sie kommen mir entgegen. Es sind die ersten Menschen auf dieser Strecke: eine Gruppe Einheimischer – Frauen und Männer, die mit ihren Schneemobilen zurück in ihr Dorf Kazatsch'e an der unteren Jana fahren. Dick eingepackt sind sie, mit aufgeplusterten Jacken, Fellmützen und klobigen Stiefeln. Einige von ihnen tragen *Valenki,* die traditionellen russischen Filzstiefel. Als sie stoppen, wird gescherzt und gelacht. Sie sind sichtlich gut gelaunt. Eine der Frauen fragt mich, woher ich komme. »Aus Deutschland«, sage ich. Ihre Reaktion darauf verblüfft mich – sie spuckt einfach auf den Boden, doch beim Wort »Faschist« wird mir klar, dass es sich um einen Seitenhieb auf das nationalsozialistische Deutschland handelt.

Ich habe gelernt, derlei Reaktionen nicht persönlich zu nehmen, denn sie sind in der Regel nicht auf meine Person bezogen. Geschichte und Gegenwart weiß man sehr wohl zu trennen. Das Bild des faschistischen Deutschen wird zwar von so manchen ehemaligen Sowjetbürgern noch immer hochgehalten, nicht aber automatisch auf die heutige Generation übertragen. Eine persönliche Begegnung wird in der Regel auch als Chance verstanden, sich ein unabhängiges Bild vom jeweiligen Menschen zu machen. Das führte vor zehn Jahren einmal dazu, dass ich nach einer kurzen Einladung, bei der man mich freundlich und interessiert auf einen Tee ins Haus holte, hören musste, wie der Gastgeber einem anderen gegenüber beteuerte: »Der hier, das ist kein Faschist!« Und so gibt es auch jetzt keine schlechte Stimmung. Es wird weiter mit Frohsinn geplaudert, bis die letzte Pausenzigarette aufgeraucht ist. Dann verabschieden sie sich, wünschen mir selbstverständlich Glück und knattern auf ihren Schneemobilen in das satte Blau der hereinbrechenden Nacht.

Inzwischen ist es vollkommen aufgeklart. Im Westen zeigt sich der zunehmende Halbmond. Er reflektiert schon wieder so viel Sonnenlicht, dass es für einen leichten Schattenwurf reicht. Ein Polarlicht kommt hinzu. Von Nordosten steigt es empor, formt einen Bogen, verwirbelt, flammt auf. Schließlich breitet es sich über den ganzen Nordhimmel aus, der noch immer in das Licht der Dämmerung getaucht ist. Es ist eine wundervolle Szenerie, die mich mal wieder voll in ihren Bann zieht. Bloß, wo schlage ich jetzt mein Nachtlager auf in dieser schutzlosen Weite der baumlosen Tundra? Auf der Passhöhe habe ich zwar einen schönen Rundumblick, doch gerade hier weht es spürbar unangenehm. Runterfahren will ich aber auch nicht mehr. Also bleibe ich und wähle einen halbwegs windgeschützten Platz neben dem meterhohen Wall aus aufgeschobenem Schnee – unmittelbar am Wegesrand. Bei dem geringen Verkehrsaufkommen werde ich schon meine Ruhe haben.

Mitten in der Nacht allerdings kommt es dann doch zu einer Durchfahrt. Es ist ein Lastwagen aus Tiksi. Als die Fahrer mich auf der Straße liegen sehen, halten sie natürlich an und erkundigen sich nach meinem Zustand. »Alles okay?«, fragen sie, während die Scheinwerfer auf mich gerichtet sind. »Ja, alles gut. Ich schlafe hier nur«, entgegne ich ihnen direkt aus meinem Schlafsack. Bevor sie wieder in ihr Fahrzeug steigen, erzählen sie mir noch, dass ihnen acht weitere Lastwagen folgen würden. »Hoffentlich erst tagsüber«, denke ich, und drehe mich wieder zur Seite.

Bei strahlendem Sonnenschein rolle ich tags darauf weiter nach Kular. Wie Severnyj ist auch dieser Ort nur noch ein verfallenes Relikt vergangener Bergbauaktivitäten, die im Jahr 1998 ein jähes Ende fanden. Lediglich eine Straßenarbeiterbasis gibt der einstigen Siedlung eine letzte Bedeutung. Ich höre ein paar Motoren rattern, sehe aber niemanden. Unvorstellbar, dass hier in den Siebzigern mal bis zu 6.000 Menschen gearbeitet haben sollen. Ich fahre einfach durch, um möglichst schnell in das nächste Flusstal abzutauchen. Der Wind hat wieder angezogen und sorgt vor allem auf den Anhöhen für eine permanente Schneedrift. Hinter Kular wird die Piste jedoch mit einem Schlag schlechter. Eine schmale Schneise führt durch ungewöhnlich tiefen Schnee hinauf zu einer weiteren Passhöhe. Der Untergrund ist buckelig, und der Schnee am Boden noch nicht festgefahren. Mir wird klar: Diesen Abschnitt hatte der Schneesturm vor drei Tagen vollkommen verweht, und erst kürzlich wurde er wieder freigeräumt. Immerhin, sonst wäre ich hier nicht weitergekommen und müsste auf eine Mitfahrgelegenheit warten. Ausgerechnet hier kommt mir nun auch die angekündigte Achterkolonne aus Tiksi entgegen. Im Schritttempo schleichen die Lastwagen an mir vorbei. Es ist die einzige Fahrzeugbegegnung des Tages.

Ich gehe weiter. Schiebend. Was anderes ist in diesem Gelände nicht möglich, aber ich komme voran, das ist die Hauptsache. Doch dann Ernüchterung: Vor mir verwandelt sich die Buckelpiste in ein Meer aus aufgewühltem Schnee. Verdammt! Jetzt wird es richtig übel. Mit aller Kraft pflüge ich mein schwer bepacktes Rad durch den weißen Acker. Ein paar eingefahrene Furchen sind meine Leitlinien. Dumm nur, dass die breiten Radtaschen ständig am Rand hängen bleiben und ich beim Schieben immerzu wegrutsche. Es ist ein mühseliges und zugleich nervenaufreibendes Vorankommen. Die Vorstellung, dass es auf den noch verbleibenden rund 400 Kilometern bis Tiksi die ganze Zeit so weitergehen könnte, lässt mich erschauern.

Beim Passieren der Anhöhe treffe ich auf zwei pausierende Schneemobilfahrer. Sie sind auf dem Weg nach Chajyr, in genau das Dorf, das auch ich als Nächstes erreichen will. Sie erzählen, dass es eine Schneemobilpiste gibt, die direkt dorthin führt, und der Abzweig sei genau hier, wo wir stehen. Ich schaue über die weite Schneelandschaft, kann aber nichts erkennen. Wolken sind aufgezogen, wahrscheinlich dauert es nicht mehr lange, und es fängt an zu schneien. Nicht gerade die besten Bedingungen für ein erstes Offroad-Experiment in schutzloser Tundra. Einen Moment lang überlege ich, diese Alternativroute einzuschlagen. Sie würde das üble Geschiebe um die Hälfte abkürzen, da die Schneemobilpiste mit 40 Kilometern nur halb so lang sein soll, wie der Zimnik, der den stark mäandernden Flüssen folgt. Doch bei dem zu erwartenden Wetterwechsel suche ich lieber Schutz in den Senken. Ich entscheide mich dagegen und bleibe auf der zerwühlten Truckerpiste. Wie sich herausstellt, war dies eine weise Entscheidung. Denn als ich von der Anhöhe hinabrolle, bessert sich der Weg. Ich kann wieder fahren.

Zurück in der windgeschützten Taigazone, erreiche ich schließlich das verwinkelte und kaum aussprechbare Flüsschen Kutschtschuguj-Kjuegjuljur. Der Zimnik führt direkt auf das Eis und bleibt auch auf diesem, denn das Gelände drum herum ist viel zu steil, um den Flusslauf einfach mal zu verlassen. Am rechten Ufer erhebt sich zu

Polarlichter sind inzwischen mein ständiger Begleiter.

Beginn sogar eine markante Felswand, die dem Tal den Charakter einer Schlucht verleiht. Ein ziemlich spektakulärer Einschnitt in der sonst eher abgerundeten Hügellandschaft. Während ich Kurve um Kurve den zahlreichen Mäanderschleifen folge, fängt es tatsächlich an zu schneien. Bei nur einstelligen Minusgraden klatschen mir richtige Flocken ins Gesicht. Es ist der erste signifikante Schneefall der Tour, der mit einigen Zentimetern Neuschnee ruckzuck die Fahrspuren verschwinden lässt. Zudem sorgt der Flockenwirbel für ein Einheitsgrau, das jegliche Konturen verwischt. Wie ein Halbblinder fahre ich durch den jungfräulichen Schnee, in dem ich immer wieder ganz unvermittelt versacke – im aufgeschobenen Randschnee oder in unkenntlich verwehten Spurrillen. Das Einzige, was ich noch klar erkennen kann, ist die selbst gezogene Spur hinter mir. Erst als es dunkel wird, lässt der Schneefall allmählich nach. Ich schlage mein Zelt direkt neben der Piste auf.

Am nächsten Morgen blicke ich wieder in einen sonnig-blauen Himmel. Schlechtes Wetter scheint hier nie von Dauer zu sein. Und dann kommt auch schon der erste Truck – der erste von fünf, die ich im Lauf des Tages noch treffen werde. Es ist ein beruhigendes Gefühl, wieder Reifenspuren vor sich zu haben, zu wissen, dass hier immer noch jemand durchkommt, den Weg spurt und mich notfalls mitnehmen kann. Weniger beruhigend dagegen ist der Moment, als ich nach anderthalb Kilometern riesige Wolfsspuren im Neuschnee entdecke. Sie kreuzen den Weg, und das nicht weit von meinem letzten Lagerplatz. Waren sie letzte Nacht vielleicht sogar bei mir und haben mich beobachtet? Mir kommt der eindrucksvolle Expeditionsbericht von Aleksandr Elikov in den Sinn, der vor einem Jahr mit einem einfachen Geländewagen die gesamte sibirische Arktis durchquert hat – von Chanty-Mansijsk über Noril'sk, Chatanga, Tiksi und Deputatskij bis nach Ust'-Nera – von West nach Ost auf den nördlichsten Zimniks Russlands[9]. Sein unglaublichster Coup aber war ein Offroad-Abstecher über die Taimyr-Halbinsel zum Kap Tscheljuskin, dem nördlichsten Festlandspunkt Eurasiens. In dieser vollkommen menschenleeren Gegend nördlich des Taimyrsees traf er zweimal auf Polarwölfe, die gänzlich ohne Scheu sein Auto umkreisten. Riesige Tiere waren das, groß wie Bären! Wie sie wohl auf einen Radfahrer reagiert hätten?

Am Abend erreiche ich bei –18 °C die Mündung in den Omoloj. Von hier sind es nur noch wenige Kilometer bis Chajyr. Die Aussicht, noch heute dieses Dorf zu erreichen, lässt mich in Gedanken schon hinter einem warmen Ofen sitzen. Es ist der letzte Ort vor dem Polarmeer, sozusagen der letzte Außenposten der Zivilisation. Interessant wäre es, hier einen Blick hinter die Kulissen zu werfen. Doch dann wird das Vorankommen wieder zu einer Tortur. Zwischen den weit voneinander entfernten Flussufern des Omoloj hatte der Wind der letzten Tage leichtes Spiel und die Piste vollkommen verweht. Tiefe Fahrspuren durchschneiden die Schneewehen. So tiefe, dass ich immer wieder mit den Radtaschen hängen bleibe. Da mich das ständige Auf- und Absteigen nervt, gehe ich irgendwann gänzlich zu Fuß weiter. Mit stoischem Gleichmut stapfe ich in die vom Mond erhellte Nacht. Unter mir das Knirschen des Schnees, über mir die lautlosen Lichtspiele der Aurora Borealis – eine Nachtwanderung der besonderen Art. Gegen Mitternacht erreiche ich schließlich Chajyr. In dem kleinen Dorf leuchten ein paar Straßenlaternen, aber Menschen sehe ich um diese Zeit keine mehr. Ich bleibe am Flussufer und lege mich zum Schlafen einfach in den Schnee.

Hinter den Ruinen von Kular ist der Zimnik nur noch eine aufgewühlte Fahrspur.

9

ÜBER DEN ARKTISCHEN OZEAN

TAG 32, KILOMETER 1.437

Am Morgen treffe ich Karl, der mit seinem Schneemobil auf den Fluss fährt, um aus einem Eisloch Trinkwasser zu holen. Als er mit vollem Fass zurückkommt, winkt er mir zu und ruft: *»Tschaj pop'em?«* – »Lust auf einen Tee?« Ich lasse alles liegen, schnappe mir nur die Lenkertasche, in der sich Kameras, Geld und Pass befinden, und setze mich zu ihm aufs Schneemobil. Dann fahren wir durch den beschaulichen Ort zu seinem Haus. Chajyr ist ein typisch jakutisches Dorf, ähnlich wie Tokuma. Vor den dunklen Blockhütten mit Welldächern sehe ich haufenweise Brennholz, aufgestapelte Eisblöcke, aufgespannte Rentierfelle, neugierige Straßenhunde und zielstrebig durch die Gassen laufende Anwohner. An fast jedem Haus hängt eine große Satellitenschüssel – die Verbindung zur Außenwelt scheint wichtig zu sein.

Arktisstimmung auf der letzten Etappe nach Tiksi.

Karl ist 60 Jahre alt und hat gerade seine zweijährige Enkelin Ljuba aus Jakutsk zu Besuch. Sie spielt auf seinem Smartphone, während wir bei einem Kaffee und hausgebackenem Brot ins Gespräch kommen. Ich frage ihn, ob er etwas über den weiteren Verlauf der Winterstraße weiß, denn sie scheint ab hier nicht mehr unterhalten zu werden. Er weiß nur, dass sie offiziell geschlossen ist. Aber wir könnten in der Administration nachfragen, dort werde ich sicher ein paar Antworten bekommen. Kurz darauf stiefeln wir ins Zentrum zum Büro des Dorfchefs. Der empfängt uns freundlich und nimmt sich sofort Zeit. »Wir haben dich schon erwartet.« – »Wie bitte?« – »Die Polizei von Batagaj folgt dir und will alles über dich wissen. Vor allem, was der Grund deiner Reise ist.« Er spricht zu mir in einem sauberen Englisch und mit einem verständigen Ton. Das *You* klingt für mich mehr wie ein freundschaftliches *Du* als ein *Sie*. Mich beeindruckt seine Offenheit – endlich mal einer, der mir erklärt, was im Hintergrund läuft.

»Den Grund meiner Reise habe ich denen schon erläutert. Halten die mich etwa für einen Spion?« – »Nun, du musst verstehen ... Wir befinden uns in einer politisch angespannten Zeit. Und du bist ein Ausländer in einem Gebiet, in das sonst keine Touristen kommen.« – »Verstehe. Aber ich werde weiterfahren. Tiksi ist mein Ziel. Kommt hier noch ein Räumfahrzeug durch?« Er zuckt mit den Schultern. »Sicher, irgendwann wird wieder eins kommen, aber wann, das weiß niemand. Das Beste ist, wenn du deine Reise hier beendest. Es ist viel zu gefährlich weiterzufahren. Jedes Jahr gehen in der Tundra Menschen verloren, und wir müssen nach den Leichen suchen. Es wäre sehr traurig, wenn wir auch nach deiner suchen müssten.« – »Keine Sorge, ich weiß was ich tue, und will nicht den Helden spielen. Ich möchte erst einmal probieren, was möglich ist. Wenn ich dann feststellen sollte, dass es zu schwierig ist, werde ich umkehren.« – »Vielleicht wartest du noch. In drei Tagen gibt es Festspiele zu Ehren eines verstorbenen Freundes, der im Dorf sehr angesehen war. Es wäre schön, dich als besonderen Gast dabeizuhaben. Immerhin bist du der Erste, der mit dem Fahrrad hierhergekommen ist.« – »Danke für die Einladung! Aber so lange will ich nicht warten. Jeder Tag zählt, um rechtzeitig nach Tiksi zu gelangen. Gerade jetzt, da sich wieder gutes Wetter eingestellt hat.« – »Also gut. Ich will dich nicht aufhalten. Viel Glück.«

Bevor ich starte, schaue ich ein letztes Mal bei Karl vorbei. Ich hatte bei ihm einen Akku zum Laden gelassen. Er holt mich noch einmal ins Haus und serviert mir zum Abschied eine Suppe mit Rentierrippchen. Dann verlasse ich das Dorf und mache mich auf den Weg. Es ist ein bewegender Moment, denn jetzt kommt der Teil der Tour, dem ich die ganze Zeit entgegengefiebert habe: die finale Etappe über das gefrorene Polarmeer! 340 Kilometer sind es noch bis Tiksi – 340 ungewisse Kilometer, die ich nur schaffen kann, wenn das Glück auf meiner Seite bleibt. Es gibt so viele Unwägbarkeiten, aber auch so viele Möglichkeiten. Einer Prüfung gleich, bei der ich all mein Wissen, meine Erfahrung und mein Gespür zusammenführen muss, um immer die richtigen Entscheidungen zu treffen. In meinen Vorstellungen habe ich diese Herausforderung schon mehrfach angetastet. Nun ist es so weit, mich voll und ganz auf sie einzulassen.

5. April, Tag 32: In Chajyr begebe ich mich wieder auf den Zimnik, der streng genommen keiner mehr ist. Es gibt nur noch eine tief eingeschnittene Fahrspur durch aufgewühlten Schnee – unfahrbar, ja fast schon unbegehbar ist sie. Immerhin: Ab und zu wagen sich hier noch ein paar Trucks durch die Schneewüste. Das stimmt mich zuversichtlich, und so kämpfe ich mich Meter um Meter vorwärts über das Eis des gefrorenen Omoloj. Hier kommt jetzt auch meine Rollpulka zum Einsatz. Ich

Es ist ein bewegender Moment, denn jetzt kommt der Teil der Tour, dem ich die ganze Zeit entgegengefiebert habe: die finale Etappe über das gefrorene Polarmeer! 340 Kilometer sind es noch bis Tiksi – 340 ungewisse Kilometer, die ich nur schaffen kann, wenn das Glück auf meiner Seite bleibt.

hake sie mit zwei Karabinern am Gepäckträger ein. Der nun niedrigere Schwerpunkt meines Gepäcks lässt mich mein Rad besser durch das unwegsame Gelände manövrieren. Ich muss zwar weiter zu Fuß gehen, komme aber angenehmer vorwärts.

Irgendwann am Abend kreuzt eine Schneemobilpiste den verlassenen Zimnik. Ich rolle ein Stück auf ihr und stelle fest: Sie ist fahrbar – die Stunde des Fatbikes ist gekommen! Als ich vor sieben Jahren mit einem normalen Rad die Petschora nach Nar'jan-Mar hinabfuhr, musste ich auf solchen Pisten kapitulieren. Jetzt ermöglichen sie mir ein besseres Vorankommen. Doch es gibt ein Problem: Die Spur führt schnurstracks ans Flussufer und windet sich auf den nächsten Kilometern durch monotone Waldtundra. Zwischendurch Abzweigungen. Welche wird die richtige sein? Ich entscheide der Nase nach, versuche mich nicht allzu weit vom Flusslauf zu entfernen. In der Dämmerung treffe ich tatsächlich wieder auf den Omoloj. Die Chancen stehen nicht schlecht, es aus eigener Kraft bis Tiksi zu schaffen.

6. April, Tag 33: Ich rolle weiter auf einer alten Schneemobilspur durch ein Gewirr von Altarmen und kleinen gefrorenen Seen der Omoloj-Aue. Die Spur ist verweht, teils kaum noch erkennbar, doch der verfestigte Schnee trägt, ich kann darauf immer noch fahren. Wohin sie mich wohl führen wird? Ich hoffe, die nächste große Mäanderschleife des Omoloj abkürzen zu können, aber nach einigen Kilometern, an einer verschlossenen Blockhütte, verliert sich die Fährte plötzlich im lockeren Schnee. Es bleibt mir nichts anderes übrig, als umzukehren, zurück zum Startpunkt des Tages, um wieder der Lkw-Spur auf dem Fluss zu folgen. Doch dann gibt es eine positive Überraschung: Die Furchen im Schnee sind nicht mehr so tief, ich kann auch hier fahren und schaffe noch eine schöne Etappe. Am Abend campiere ich wieder

Für Wagemutige verweist noch immer ein Schild nach Tiksi.

unter freiem Himmel. Bei diesem herrlichen Wetter lohnt sich kein Zeltaufbau. Mondschein, Stille, lauschige –21 °C. Von der erhöhten Uferböschung schweift mein Blick über den gefrorenen Flusslauf. Gegen Mitternacht zieht ein Lastwagen seine Lichtspur durch die Dunkelheit – der erste seit über 30 Stunden.

7. April, Tag 34: Kurzzeitig auffrischender Wind am Vormittag hat die Lkw-Spur wieder vollkommen verweht. Also gehe ich erneut zu Fuß weiter. Zum Glück nicht lange. Am Rande eines kleinen Plateaus zeigt sich das erste Mal schneefreies blankes Eis! Es ist immer wieder ein unglaubliches Gefühl, über einen dunklen eiserstarrten Wasserkörper zu fahren. Anhand der Risse schätze ich die Eisdicke auf etwa zwei Meter. Leider bleibt es nur ein kurzes Vergnügen, denn bald darauf schiebe ich mein Rad wieder über einen dicken Schneepanzer. Moment mal – Schneepanzer? Der Schnee ist mittlerweile so fest, dass ich kaum noch eine Spur hinterlasse. Ich sattle spontan auf, trete in die Pedale, und siehe da ... Ich kann es kaum fassen: Ich fahre das erste Mal komplett offroad durch die sibirische Arktis – was für ein Erlebnis! Ich muss unweigerlich an Gleb Travin denken, einen legendären Radfahrer, der in den Jahren 1928 bis 1931 die gesamte Sowjetunion an ihren Grenzen umrundet hat und dabei auch die arktische Küste im Winter bezwungen haben soll[10]. In russischen Foren hat man lang und breit darüber diskutiert, ob es überhaupt möglich sei, mit dem Rad über die weglosen Schneeflächen der Arktis zu fahren. Nun erlebe ich es selbst: Es ist tatsächlich möglich! Der Schnee ist hier so hart, dass auch ein Rad mit normaler Bereifung nicht einsinken würde.

Am Nachmittag treffe ich auf Vlad und Andrej, die mit ihrem Lkw Fracht von Jakutsk nach Tiksi bringen. Es ist die erste direkte Fahrzeugbegegnung seit Chajyr, und ich werde natürlich gleich in die Fahrerkabine zu Kaffee, Tee und einem Snack eingeladen. Sie erzählen mir, dass inzwischen ein Räumfahrzeug unterwegs ist, sie hätten es heute kurz hinter Chajyr überholt. Gleichzeitig sei auch eins aus Tiksi in entgegengesetzter Richtung unterwegs, um eine neue Spur über das verwehte Meereis zu legen. Na wenn das keine guten Nachrichten sind! Es bestätigt sich immer wieder, dass es sich lohnt, nicht aufzugeben. Wer positiv nach vorn schaut, dem öffnen sich immer wieder neue Türen.

Noch am selben Abend holt mich das Räumfahrzeug ein. Die letzten Kilometer des Tages rolle ich über eine frisch geräumte Eisdecke durch die inzwischen vollkommen vegetationslose Tundra. Im Dämmerlicht erspähe ich am rechten Ufer eine Hütte, diesmal nicht allzu weit vom Weg entfernt und über den harten Schnee auch problemlos zu erreichen. Die Hütte selbst ist verschlossen, aber ein Bauwagen daneben lädt zu einer komfortablen Übernachtung ein. Laszive Damen schmücken die Wände und versetzen mich einen Moment lang in die warme Südsee. Plötzlich dröhnt der Wind, reißt ein paar Mal die Tür auf. Ich bin froh, dass ich diese Nacht nicht im Freien verbringen muss.

8. April, Tag 35: Zum Frühstück brate ich das letzte rohe Fleisch, das mir Vlad und Andrej gestern mitgegeben haben. Ich lasse mir Zeit, denn draußen pfeifen noch immer kräftige Böen um den Bauwagen. Erst mittags beruhigt sich der Luftzug – für mich das Signal zum Aufbruch. Wieder einmal trübt keine Wolke den Himmel. Ein fantastisches Wetter, das den Ritt durch die polare Einöde kein bisschen langweilig erscheinen lässt. Ganz unbeschwert fliegen heute die Kilometer, auf der frisch geräumten Eispiste komme ich wunderbar voran! Unmerklich rückt sie näher: die Mündung des Omoloj.

Unterwegs treffe ich auf einen *Ural* mit Wohnkabine, er parkt mitten auf der Piste. Daneben vier Männer, die

Blankes Eis und harter Schnee ermöglichen mir, vollkommen offroad weiterzufahren. Erst kurz vor dem Polarmeer überholt mich ein Räumfahrzeug.

ein Loch ins Eis gebohrt haben, um Wasser zu schöpfen. Es ist eine mobile Straßenarbeiterbasis, die dem Räumkommando als Unterschlupf dient. Kurz nach Sonnenuntergang hole ich auch das Räumfahrzeug ein. Mühsam kämpft es sich durch die harte Schneekruste und kommt kaum noch vorwärts. Ich gehe daran vorbei und wechsle auf eine wilde Lkw-Spur. Am Abzweig bemerke ich zufällig ein Schild und lese die Worte: *»More Laptevych«* – »Laptewsee«. Jetzt habe ich ihn tatsächlich erreicht: den Arktischen Ozean!

Voller Faszination und mit einer gehörigen Portion Ehrfurcht begebe ich mich hinaus auf das gefrorene Meer. Ein Laster aus Tiksi kommt mir entgegen, der erste aus dieser Richtung. Die Fahrer halten und bitten mich auf einen Tee in ihr Fahrzeug. Dann stehe ich wieder allein in einer endlosen Schneewüste. Bis weit in die Nacht folge ich noch ihrer Fahrspur. Dann stelle ich mein Zelt auf, verankere es windsicher im harten Schnee und koche mir meine allabendliche Nudelsuppe. Eine surreale Stille umgibt mich, dazu Vollmond, Polarlicht und Mitternachtsdämmerung. Schöner hätte ich mir die Ankunft auf dem Polarmeer nicht ausmalen können.

AUF DEM MEEREIS

9. April, Tag 36: Als ich am Morgen aufwache, flattert das Zelt wie verrückt. Ein kräftiger Ostwind hat sich eingestellt, dazu Schneedrift und –18 °C – kein Wetter, um weiterzugehen. Ich entscheide mich das erste Mal für einen Pausentag und verbringe die Zeit im Zelt. Heute muss es sich das erste Mal behaupten, in ungeschütztem Gelände Wind und Wetter trotzen. Da es keine *Snow Flaps* hat, kam ich nicht umhin, es ringsherum mit zusammengekratztem Schnee abzudichten. Schon eine kleine Lücke reicht, und der feine Schnee pfeift durch das ganze Innenzelt. Die Heringe halten, sie sind nach einer Nacht im festen Schnee wie in Beton gegossen. Zwischenzeitlich war ich etwas skeptisch, ob sie unter solchen Bedingungen verankert bleiben, aber jetzt, da es darauf ankommt, fühle ich mich sicher.

Nun zeigen sich auch die Vorteile eines Tunnelzelts. Denn genau bei solchem Wetter bietet es mir einen heimeligen Unterschlupf, in dem ich Platz genug zum Schlafen, Kochen und Herumwerkeln habe. Wie schon morgens stelle ich auch abends den Benzinkocher im Vorzelt auf. Nicht zu nah an die Zeltwand, da es beim Vorheizen immer eine mehr oder weniger große Stichflamme gibt. Doch diesmal tut sich gar nichts, irgendwas stimmt nicht mit dem Kocher. Ich schraube alles auseinander, prüfe, reinige und setze es wieder zusammen – immer noch keine Reaktion. Ich wiederhole das Ganze eine Stunde lang, immer aufs Neue grübelnd, irgendwann verzweifelnd. Was zum Teufel ist das Problem? Verdreckte Düse? Nein. Verstopfter Filter? Nein. Offenbar ist die Leitung dicht, es kommt kein Benzin mehr durch. Warum habe ich mir vor Ust'-Kujga bloß dieses verdammte Tankwagenbenzin aufschwatzen lassen? Das sah schon beim Abfüllen nicht ganz sauber aus, wahrscheinlich ist es vermischt mit Wasserresten aus der Flasche, die mir jetzt die Leitung vereisen. Ein Glück, dass ich noch einen zweiten Benzinkocher im Gepäck habe, als hätte ich es schon zu Hause geahnt. Denn ohne Kocher – ausgerechnet hier, wo es weit und breit kein Holz, keine Hütte und bei dem Wetter auch keine Aussicht auf einen Autostopp gibt –, wäre ich richtig aufgeschmissen.

Gegen 21 Uhr plötzliche Windstille. Eine meditative Ruhe durchdringt die Leere. Ob ich morgen wieder ein bisschen Strecke machen kann? Über meinen Satellitenmessenger checke ich die Wettervorhersage der nächsten drei Tage. Der Wind soll tatsächlich etwas nachlassen. Allerdings dreht er dabei auf Nord. Das ist die Himmelsrichtung, aus der noch mal knackige Kaltluft heranwehen kann. Werte bis –30 °C scheinen wieder möglich!

10. April, Tag 37: Nach dem gestrigen Sturm begrüßt mich der Morgen mit gewohnter Stille. Ich baue das Zelt ab, packe meinen Krempel zusammen und begebe mich wieder auf die Piste. Während des Pausentags hatte mich das Räumkommando erneut überholt. Es fuhr noch bis zur Rajon-Grenze, zu der sich auch das andere Fahrzeug aus Tiksi durcharbeiten sollte. Das Warten hat sich also doppelt gelohnt, denn jetzt fahre ich unter angenehmeren Bedingungen auf einer frisch geräumten Eisstraße. Zumindest bis zur besagten Rajon-Grenze. Hier ändert sich schlagartig das Bild, denn der von Tiksi aus schon früher geräumte Abschnitt ist wieder vollkommen verweht. Mit aller Kraft schiebe ich mein schwer bepacktes Rad durch die chaotisch aufgewühlte Fahrspur, die heute früh von den ersten zwei Lastern gezogen wurde. Es ist ein stumpfsinniges Vorankommen, bei dem ich innigst hoffe, dass es bald vorüber ist. Neben der Spur geht es leider auch nicht besser, da mich nun lockerer Schnee in den Mulden immer wieder stocken lässt. Alle paar Meter halte ich inne und schaue mich um. Feine Eiskristalle fallen vom Himmel, die Sonne scheint diffus. Mich umgibt ein blendendes Weiß ohne jegliche Konturen – ein klassisches *Whiteout.* Hätte ich nicht die Fahrspur vor mir, würden meine Augen vergebens nach einem Bezugspunkt suchen.

Plötzlich ist der Zimnik wieder frei! Warum, kann ich mir nicht erklären. Ich fahre einfach, versuche noch so viel Kilometer wie möglich zu machen, denn der Wind hat wieder aufgefrischt, diesmal aus Nordwest. Am Nachmittag ist er bereits so kräftig, dass sich auf der freigeschobenen Schneise neue Schneewehen bilden, die Minute um Minute anwachsen und den Weg allmählich verschwinden lassen. Damit wird auch klar, warum man hier nur alle paar Wochen ein Räumfahrzeug durchschickt – es lohnt sich einfach nicht. Nach 35 Tageskilometern stiefle ich wieder neben dem Zimnik über den Schnee. Es sind –20 °C, dazu strammer Seitenwind, der mich ruckzuck auskühlt, sobald ich mal kurz pausiere. Ich muss die ganze Zeit mit Gesichtsmaske und Skibrille gehen, denn jeder Zentimeter Haut, der diesen Bedingungen ausgesetzt ist, läuft Gefahr zu erfrieren. Was ich gestern im Zelt ausgesessen habe, muss ich nun irgendwie ertragen. Meine größte Sorge ist jedoch das nächste Nachtlager. Wie soll ich ein Zelt aufbauen bei einer mittleren Windstärke von 4 bis 5 Beaufort? Ich muss höllisch aufpassen, das Zelt noch vor dem Ausrollen sicher verankern. Denn was einmal vom Wind erfasst wird, ist weg – auf Nimmerwiedersehen.

Was bin ich froh, als ich endlich in meiner kleinen Festung sitzen kann. Der Wind zieht noch etwas an, erreicht Stärke 5 bis 6 und lässt die Zelthülle lauthals flattern. Hätte ich mich eine Stunde später zum Aufbau entschieden, wäre es deutlich schwieriger geworden. Bleibt die Frage: Was tun, wenn mir das Zelt tatsächlich mal wegfliegen sollte? Ich erinnere mich an die Geschichte eines Jägers vom Volk der Dolganen, den ich letzten Herbst am Nordrand des Putorana-Plateaus traf. Als jener einmal ohne Zelt und Schlafsack von einem Schneesturm überrascht wurde, hat er sich einfach in eine Plane gerollt und einwehen lassen.

11. April, Tag 38: Bei Tagesanbruch stürmt es immer noch, unverändert seit dem gestrigen Nachmittag. Ich entscheide mich wieder einmal, die unwirtlichen Bedingungen im Zelt auszusitzen. Auf der windabgewandten Seite des Lagerplatzes lässt die anhaltende Schneedrift bizarre Eisgebilde wachsen. Auch das Fatbike ist mittlerweile vollkommen verweht. Es liegt wie eingegossen in einer harten Schneekruste. Das Wetter an sich schaut

Ein Schneesturm hat Rad und Zelt zugeweht.

jedoch nicht schlecht aus: Die Sonne strahlt von einem makellosen Himmel, und die Sicht ist klar genug, dass ich am Horizont die nördlichen Ausläufer des Werchojansker Gebirges erkennen kann.

Als dann am Nachmittag endlich Ruhe einkehrt, mache ich mich auf die Socken. Genau in dem Moment kommt mir eine Kolonne von fünf Lastwagen aus Tiksi entgegen. Ein Trupp junger Kerle steigt aus und schaut mir kopfschüttelnd beim Packen zu. Lange halten sie es in der Kälte nicht aus, also werde ich kurzerhand zu Tee und Kaffee in eines der überheizten Fahrzeuge eingeladen. Sechs Männer zwängen sich in die kleine Fahrerkabine, um gemeinsam zu essen, zu trinken und zu lachen. Es ist mal wieder eine dieser herzlichen, typisch russischen Begegnungen, die mir Mut und Kraft geben. Und das Gefühl, nirgendwo allein zu sein.

Gegen 17 Uhr bin ich wieder entlassen und starte in den Tag. Natürlich zu Fuß, wie auch sonst. Ich schiebe mein Rad – mal durch die frische Fahrspur, mal daneben über die brüchige Schneekruste, mal mit Schlitten am Gepäckträger, mal mit Schlitten am Gürtel. Egal was ich heute versuche, es ist mühsam. Schon bald verschwindet die Sonne hinterm Horizont, dann steigt der Vollmond auf, und in der stillen klaren Luft sackt die Temperatur plötzlich ins Bodenlose. Beim Atmen zwickt es in der Nase, Reif schlägt sich an der Kleidung nieder. Ich gehe bis Mitternacht, dann habe ich genug und schlage mein Zelt auf. Weit bin ich diesmal nicht gekommen: nur elf Kilometer. Egal, Hauptsache, vorwärts! Ich bin froh, überhaupt etwas Strecke gemacht zu haben.

Beim Zubereiten des Abendessens kurze Resignation: Der zweite Benzinkocher hat nun ebenfalls seinen Geist aufgegeben. Eigentlich nicht verwunderlich, benutze ich doch immer noch das mutmaßlich verunreinigte Benzin. Gut, dass ich als dritte Option noch einen Gaskocher dabeihabe. Jetzt zahlt es sich aus, dass ich immer zu viel mit mir herumschleppe. Damit die Kartusche bei der Kälte auch etwas hergibt, erwärme ich sie unter meiner Jacke. Gegen 3:30 Uhr haue ich mich erschöpft aufs Ohr. Es sind –33 °C.

12. April, Tag 39: Endlich! Land! Die nördlichen Ausläufer des Werchojansker Gebirges rücken in greifbare Nähe und bieten dem suchenden Auge wieder etwas Abwechslung. Ich folge einer alten Schneemobilspur parallel zum verwehten Zimnik. Hier kann ich ganz gut schieben, ohne ständig im lockeren Schnee zu versacken. Die Sonne scheint, es weht kaum Wind – fantastische Bedingungen! Frisch ist es aber geblieben, auch nachmittags steigt die Temperatur kaum über –20 °C. Es ist der kälteste Tag der Tour.

Dann ein Summen aus der Ferne. Eine Gruppe Einheimischer kommt mit teils archaischen Schneemobilen direkt vom Meer in meine Richtung gefahren. Es sind Ewenen aus der Küstensiedlung Najba. Man hält auf ein kurzes Schwätzchen, lässt eine Thermoskanne Tee kreisen, dann geht es auch schon weiter. Einen Moment lang überlege ich, mich mitnehmen zu lassen. Doch dann packt mich wieder der Ehrgeiz, die ganze Strecke aus eigener Kraft schaffen zu wollen. 20 Kilometer sind es noch bis zum Dorf, danach soll es besser werden. Eine blanke Piste prophezeit man mir!

Ich wechsle spontan zur Lkw-Spur. Zwei *Ural*-Trucks sind heute schon durch. Möglich, dass die Furchen im Schnee schon breit genug sind, um darin wieder fahren zu können. Und tatsächlich, es funktioniert. Ab hier kann ich wieder in die Pedale treten. Als dann noch für ein paar Kilometer blankes Eis auftaucht, rolle ich mit einer berauschenden Geschwindigkeit der untergehenden Sonne hinterher –

Extreme Kälte und Wind zwingen mich zu größter Vorsicht. Ich muss aufpassen, dass ich mir keine Erfrierungen zuziehe.

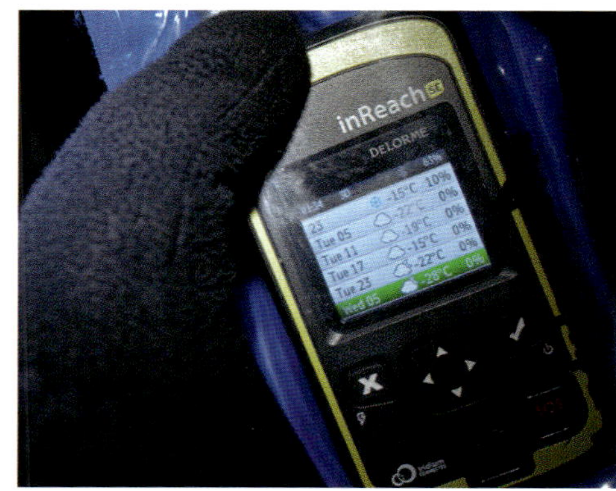

auf der gefrorenen Laptewsee, quer über die Bucht Sytygan-Tala. Was für ein Genuss nach all der Plackerei!

Am Abend setze ich das erste Mal seit fünf Tagen wieder einen Fuß auf festen Boden. Es ist die weit in die Bucht hineinragende Halbinsel Ogoloch-Tumsa. Eine kleine Passhöhe von 70 Metern muss überwunden werden, um dahinter ins Dorf Najba (jakutisch Chara-Ulach) zu gelangen. Es ist ein überwältigender Moment, als ich von der Anhöhe auf das weite Tal und die dahinter liegenden Bergketten schaue. Polare Tundra prägt das Landschaftsbild, getaucht in das sanfte Blau der Dämmerung. Warm eingepackt rolle ich hinab, sehe die ersten Lichter am Horizont. Halbwilde Pferde queren meinen Weg. Als ich das Dorf erreiche, ist es schon Mitternacht. Ich hoffe, jemanden zu treffen, der mich spontan in sein Haus einlädt, doch wie in Chajyr sind die Straßen um diese Zeit leer. An einem Wohnblock entdecke ich zufällig die Schneemobile der Ewenen, denen ich am Nachmittag begegnet bin. Die Tür zum Treppenhaus ist nicht verschlossen, ich gehe rein, klopfe an einer Tür, rufe in den Flur. Nichts bewegt sich. Weiter will ich nicht gehen, also kehre ich wieder um und fahre an den Rand des Dorfes.

Hinter einem verwaisten Stall finde ich einen lauschigen Schlafplatz mit Blick auf die fernen, vom Vollmond angeleuchteten Bergketten. Da es wunderbar windstill ist, rolle ich einfach nur meinen Schlafsack aus. Eine Weile sitze ich noch, esse ein paar Kekse und ein Stück Salami, als ich plötzlich Schritte höre. Nur wenige Meter vor mir bewegt sich schemenhaft ein großes Etwas. Ein Bär? Im Winter? Ausgerechnet hier im Dorf? Ich leuchte mit meiner Kopflampe. Zwei Augen funkeln mir entgegen – es ist eines der halbwilden Pferde auf der Suche nach Futter.

13. April, Tag 40: Lautes Gebell reißt mich aus den Träumen. Eine aufgeregte Hundemeute hat mich entdeckt und schlägt nun Alarm! Langsam schäle ich mich aus dem Daunenschlafsack und versuche die Lage zu ergründen. Die Hunde bleiben auf Distanz, wollen wohl nur auf sich aufmerksam machen. Oder auf mich. Dann bemerke ich einen Anwohner. Er verteilt seelenruhig Heu an die Pferde, direkt neben mir. Doch ihn scheint es überhaupt nicht zu interessieren, dass hier ein Fremder im Schnee kampiert. Keine Begrüßung, keine Reaktion – eine seltsame Begegnung. Ich koche mir einen großen Pott Nudeln mit Ei und starte kurzerhand in den Tag. Obwohl mich das Leben in diesem abgelegenen Küstendörfchen sehr interessiert, sehe ich davon ab, noch mal durch die Gassen zu fahren. Ich will raus in die polare Landschaft, das herrliche Wetter genießen und ein bisschen Strecke machen. Letzte Nacht hat es noch mal –30 °C gegeben, jetzt sind es –16 °C. Bei Windstille und Aprilsonne fühlt es sich jedoch viel wärmer an.

Hinter dem Ort rolle ich über einen Kieswall mit Treibholz. Eisschollen türmen sich am Strand. Dann ein Abzweig nach rechts, und die Piste führt wieder hinaus aufs Meer. Vor mir liegt die wohl schönste Etappe der Tour, denn ab jetzt geht der Zimnik immer dicht an einer Steilküste entlang. Das Beste daran: Es liegt kaum noch Schnee auf dem Eis, teilweise ist es sogar großflächig blank. Fantastische Bedingungen, um rückständige Kilometer wieder wettzumachen. Doch so richtig vorwärts komme ich trotzdem nicht, denn ich muss immer wieder anhalten, um zu fotografieren. Meine Sinne sind gnadenlos überreizt. An jeder Kurve offenbaren sich neue Ausblicke, neue Perspektiven, und überhaupt kann ich mich gar nicht sattsehen an dieser einmaligen Landschaft. Ich ziehe vorbei an dunklen Klippen, die bedrohlich aus dem Meereis emporsteigen. Vorbei an einer schroffen Küstenlinie mit seichten, im Sonnenlicht weiß leuchtenden Berggipfeln dahinter. Hier wird mir auf eine faszinierende Weise plastisch vor Augen geführt, wo ich mich eigentlich befinde: auf einem gefrorenen Ozean am Rand der Welt.

Je weiter ich fahre, desto blanker wird das Eis. Eigentlich super – ein Traum für jeden Offroad-Radler, wenn ich doch nur Spikes hätte ... Gegen Abend stürze ich mehrfach, eine Radtasche bricht mir ab. Nur mit Mühe schaffe ich es, mein schwer bepacktes Fatbike wieder aufzurichten, rutsche ich doch immer gleich wieder weg. Geht es gar nicht, schleife ich das Gespann zur nächsten Schneeinsel, um etwas Grip unter den Reifen und Schuhsohlen zu haben. Hier kann ich auch wieder anfahren, denn auf der glatten Eisfläche darf ich weder lenken noch bremsen, sonst haut es mich sofort wieder um. Irgendwann krame ich ein Paar Spikesohlen für meine Schuhe aus dem Gepäck – billige Teile, die ich mal für wenige Euro im Angebot fand. Wirklich helfen tun sie mir nicht, sie fallen immer wieder ab. Und so hab ich sie kurz nach ihrem ersten Einsatz auch schon wieder verloren, ohne es zu bemerken.

Am Abend erreiche ich das Kap Chara-Ulach und suche nach einem Übernachtungsplatz direkt zu Füßen der majestätischen Klippe. Riesige Schneemengen hat der Wind hier im Laufe des Winters herangeblasen, hart wie Gletscher sind sie jetzt. Einen gescheiten Platz fürs Zelt finde ich hier jedoch nicht. Zu groß erscheint mir die Gefahr, von abbrechenden Steinen oder Eisbrocken erschlagen zu werden. Wäre ich doch bloß in die Hütte gegangen, die ich einige Kilometer zuvor am Ufer sah! Hinter dem Kap ist nämlich erst mal Schluss mit Steilküste. Es folgt ein versumpfter Küstenbereich, vollkommen flach und ungeschützt. Doch dann erspähe ich eine weitere Hütte genau am Übergang. Auf steinharten Schneewehen klettere ich ans Ufer und schaue mir den potenziellen Unterschlupf genauer an. Es gibt ein offenes Fenster und etwas Schnee im Innern, aber der Raum macht einen gepflegten Eindruck. Die Tür ist jedoch vollkommen zugeweht, ich muss sie mühsam freihacken, um sie öffnen zu können. Kräftiger Wind kommt auf. Ich repariere schnell das offene Fenster mit einer am Boden liegenden Plastikfolie. Dann heize ich den Ofen an und mache es mir gemütlich. Ein großartiger Tag geht zu Ende.

14. April, Tag 41: Irgendwie fühle ich mich heute nicht so gut. Möglich, dass mir der Rauch des Ofenfeuers etwas zugesetzt hat, denn zwischenzeitlich war die Bude so verqualmt, dass ich lüften musste. Erst am Nachmittag raffe ich mich auf und fahre im flachen Mündungsbereich des Flusses Chara-Ulach weiter auf einem Zimnik aus Schnee. Leider hat der Wind gedreht, er weht nun von vorn. Nicht stark, aber es reicht, dass ich bei –15 °C erneut mein komplettes Gesicht vor möglichen Erfrierungen schützen muss. Zudem komme ich beim Fahren mit der Windjacke schnell ins Schwitzen. Ich drehe sie wieder um, mit dem offenen Reißverschluss nach hinten. Es ist die beste Lösung, um sich nicht zu erkälten. Bei meiner letzten Winterreise durch den russischen Norden hatte es mich einmal voll erwischt. Ich fühlte mich elendig, alle Handgriffe liefen in Zeitlupe ab. In diesem Zustand verbrachte ich eine –27 °C kalte Nacht im Freien – ohne Zelt. Immerhin, man überlebt, aber der Spaß bleibt auf der Strecke.

Zum Ende des Tages bekommt die Küstenlandschaft wieder ein Gesicht: kahle Bergketten zur Linken, blankes Eis unter den Rädern und immer wieder Verwerfungen mit aufgerichteten Schollen. Im blauen Dämmerlicht schlage ich mein Zelt an einem Eisbruch auf. Damit es auf der schneefreien Fläche stehen bleibt, verankere ich es mit den Eisschrauben. Kochen fällt leider aus, da die Gaskartusche bei –20 °C nicht mehr genug Druck hat. Auch unter dem Pullover bekomme ich sie nicht warm genug. Es gibt Kekse und Speck sowie einen letzten Schluck Tee. Fasziniert schaue ich mich um. Die Kulisse

Einheimische aus dem Dorf Najba.

an diesem Nachtplatz ist einfach der Hammer, erfüllt sie doch alle Klischees einer arktischen Winterlandschaft. Und dann noch dieses einmalige Licht! Mittlerweile ist es um Mitternacht schon so hell, dass ich kaum noch Sterne erkennen kann. Licht zu jeder Tageszeit und trotzdem tiefster Winter.

15. April, Tag 42: Am Vormittag mache ich ein wenig »Urlaub auf dem Meer« und genieße das prächtige Wetter vor dem Zelt. Die Sonne scheint wie gewohnt, doch die Windstille macht den Aufenthalt im Freien erst angenehm. Gestern im spürbaren Gegenwind fühlte sich das sonnige Wetter noch ganz anders an. Obwohl ich mit Gesichtsmaske fuhr, habe ich mir an den Wangen mal wieder kleine Frostbeulen zugezogen.

Aus dem Scholleneis koche ich mir Tee und Nudeln, die Gaskartusche hatte ich über Nacht im Schlafsack. Dann gehe ich die letzten Kilometer nach Tiksi an. Meine Route führt mich heute den ganzen Tag über blankes, ja spiegelglattes Eis! Man könnte in alle Richtungen fahren, eine individuelle Tour über das Meer wagen, kleine Inseln ansteuern. Doch ohne Spikes bin ich gebunden an die Bewegungslinien der hiesigen Fahrzeuge, denn nur hier gibt es die Chance auf ein Minimum an Grip unter den Rädern. Am gestrigen Abend sah ich vom Lagerplatz ein Kettenfahrzeug durchfahren. Ich finde seine Spur – zwei Linien mit aufgerautem Eis von etwa 30 Zentimeter Breite. Es ist für den restlichen Tag die einzige Spur, der ich fahrend folgen kann. Ein Geschenk des Himmels! Trotzdem haut es mich insgesamt siebenmal um. Immer dann, wenn ich mal kurz von der aufgerauten Linie abweiche. Permanente Konzentration ist gefragt. Es ist ein nervenaufreibendes und verkrampftes Fahren, auf über 40 Kilometern eine regelrechte Zirkusnummer.

Spätabends erreiche ich erschöpft das Kap Kosistyj, gehe an Land und suche mir einen Platz zum Übernachten. Am Horizont erkenne ich bereits die Lichter meines Zielortes Tiksi. Etwa 15 Kilometer quer über die Tiksi-Bucht liegen noch vor mir. Während ich das Zelt aufbaue, walzt eine dunkle Nebelwand vom Polarmeer heran. Wie aus dem Nichts versiegelt sie mit einem Schlag den Blick zum Himmel. Wenig später fängt es an zu schneien.

Auf den letzten 100 Kilometern bis Tiksi gibt es großflächig blankes Eis. Ich folge einer aufgerauten Spur, doch ohne Spikes kommt es immer wieder zu Stürzen.

10

FINALE IN TIKSI

TAG 43, KILOMETER 1.762

Trübes Wetter mit schlechter Sicht und andauerndem Schneefall hat sich eingestellt. Es ist der erste Tag, an dem ich durchweg keine Sonne sehe. Bisher gab es wirklich jeden Tag Sonnenschein, sogar wenn es stürmte oder schneite. Ich warte bis zum Nachmittag, dann entscheide ich mich, das letzte Stück endlich hinter mich zu bringen. Der Wind kommt natürlich genau von vorn und drückt mir die Schneeflocken in die Augen. Das größere Problem liegt aber am Boden: Der frisch gefallene Schnee verhüllt das glatte Eis. Ich kann nicht mehr erkennen, wo die Fahrspur noch Grip hat; alles erstrahlt in blendendem Weiß. So schlingere ich mal wieder verkrampft über die unfassbar rutschige Eisfläche, immer nah dran, auf die Nase zu fallen. Irgendwann kann ich mich selbst nicht mehr fluchen hören und gehe weiter zu Fuß – das Rad balancierend, den Schlitten ziehend. Letzterer

Letzter Lagerplatz an der Tiksibucht.

verhält sich seit einigen Tagen wie ein Pflug. Unten aufgerissen, schaufelt er beim Ziehen ständig Schnee auf die Ladefläche, sodass ich ihn regelmäßig leeren muss, damit er nicht zu schwer wird.

Nach drei Stunden auf dem Eis tauchen die ersten Zivilisationszeichen aus dem Schneegestöber auf: ein paar Hütten der vorgelagerten Wetterstation Poljarka, dann eine Pipeline, Pfeiler, die Umrisse von Gebäuden, Türmen, Hafenkränen – die Polarhafenstadt Tiksi. Ich habe es geschafft, ich bin an meinem Zielort angekommen! Erleichterung und Erschöpfung machen sich breit. Es ist ein großartiges Gefühl, dieses selbst gesteckte Ziel trotz aller Schwierigkeiten aus eigener Kraft erreicht zu haben. Doch ich spüre auch, dass die Luft raus ist, dass ich müde bin und froh, endlich angekommen zu sein. Bis zum Schluss lag die Spannung des Unbekannten in der Luft, bis zum letzten Kilometer etwas Besonderes vor mir. Das hat mir die Kraft gegeben durchzuhalten, nicht aufzugeben. Vor allem die letzten 130 Kilometer am Fuß der Steilküste entpuppten sich als ein wahrhaft spektakuläres Finale. Prächtiger hätte es kaum sein können.

Gegen halb sieben abends gehe ich an Land. Wie in allen größeren Orten des russischen Nordens umgibt auch Tiksi eine wüste Fläche mit viel Schrott und verfallenen Gebäuden. Die Blütezeit dieser 1933 gegründeten Stadt liegt auch hier schon lange zurück. Gegen Ende der Sowjetzeit zählte man fast 12.000 Einwohner, jetzt sind es nur noch um 4.500. Der einst bedeutungsvolle Seehafen liegt heute die meiste Zeit brach. Er dient als Umschlagplatz für Waren, die auf dem arktischen Seeweg herantransportiert werden, um sie dann über die Lena ins Landesinnere Jakutiens zu verfrachten. Seit dem Ausbau der Bahn- und Autotrassen im Süden wird jedoch das Gros an Versorgungsgütern über den Landweg transportiert. Die eisfreie Navigationsphase beträgt ohnehin nur drei Monate: von Anfang Juli bis Ende September. In dieser Zeit wird Tiksi bis zu achtmal von einem Flusspassagierschiff aus Jakutsk angefahren, aber auch Kreuzfahrtschiffe mit westlichen Touristen finden auf diesem Weg alljährlich hierher. Die Nähe zum Lenadelta-Naturreservat gibt der Stadt eine gewisse Attraktivität. Nach wie vor befindet sich hier auch eine Militärbasis, obwohl das militärische Interesse an diesem Standort zurückgegangen ist. Im Jahr 2013 hat man den Flughafen für zivile Flüge freigegeben, sodass jetzt fast täglich eine Anbindung nach Jakutsk besteht. Für eine derart kleine Siedlung ist das ein geradezu luxuriöser Umstand, der auch mir entgegenkommt. Denn so muss ich mir keine großen Gedanken um die Rückkehr machen.

Als ich in das verfallene Städtchen hineingehe, fängt mich schon am ersten bewohnten Straßenzug eine Polizeistreife ab: »Dokumente, Passport!« Es ist die erste Kontrolle innerhalb der arktischen Grenzzone. Dummerweise ist mein Permit seit gestern abgelaufen, ich bin nicht schnell genug über den Ozean gefahren. Die Männer in Uniform aber bleiben freundlich, sie sind sogar gut gelaunt, machen Scherze. Wo ich die Nacht verbringe, fragen sie. »Keine Ahnung«, sage ich. Ich muss mich erst einmal orientieren und schauen, was es gibt. Ich weiß, dass sich am Flughafen ein Hotel namens *Arktika* befindet, aber da will ich nicht hin. Also rufe ich Aleksej an, den ich zwei Wochen zuvor mit dem deutsch-russischen Filmteam auf dem Unterlauf der Jana traf. Es dauert nur wenige Minuten, schon kommt er die Straße hinuntergelaufen. Wir begrüßen uns wie alte Bekannte, dann erklärt er den Polizisten, wer ich bin und was ich hier mache. Die zeigen sich verständig und lassen uns schließlich gehen.

»Davaj!« – »Dann los!« Er weiß schon, wo ich unterkommen könnte, und führt mich zu einem Betonblock, der

wie die Wohngebäude in Jakutsk auf Stelen steht, damit der darunterliegende Permafrostboden nicht antaut. Wir gehen in den obersten Stock, tragen all meine Ausrüstung hoch, ja sogar das Rad, und stehen vor der Tür eines älteren Herrn, der uns verdutzt anschaut. Ivan ist Jurist und hat hier im fünften Stock eine Wohnung mit Gästezimmern. Sie ist nach westlichem Standard ausgestattet und dient offenbar auch als Zwischenunterkunft für Wissenschaftler der Polarstationen im Lenadelta. Picobello sieht hier alles aus. Schwer vorstellbar, dass nun so ein Wildcamper aus dem Schnee mit all seiner Ausrüstung Quartier beziehen darf. Doch Aleksej überzeugt ihn, es ist ja nur für eine Nacht. Dann verabschiedet er sich auch schon wieder, und ich versuche mich so zurückhaltend wie möglich einzurichten. Ivan läuft etwas ratlos durch die Wohnung, teilt mir schließlich ein Zimmer zu, zeigt hier, zeigt da, wo ich etwas abstellen darf, wo nicht, was ich anfassen darf, was nicht. Er wirkt leicht cholerisch, ein wenig grantig, aber irgendwann verstehen wir uns und kommen gut miteinander klar.

Am Abend koche ich mir über dem Herd einen Riesenpott Spaghetti mit Konservenfleisch. Genau ein Kilogramm Nudeln und eine Tüte Tomatencremesuppe sind von meinem Reiseproviant übrig geblieben. Dazu zwei Dosen *Tuschonka* mit Rindfleisch – ein Geschenk von Truckern, die ich unterwegs auf dem Eis traf. Wahrscheinlich wäre ich damit noch drei Tage durchgekommen, länger hätte die Meereisetappe nicht dauern dürfen. Während ich meine Gabel in den Teller drehe, schaue ich aus dem Fenster auf die benachbarten Wohnblöcke. An einem prangt eine riesige Wandmalerei, die über drei Stockwerke reicht – ein Hammer und eine Sichel, symbolhaft gekreuzt wie auf der Flagge der UdSSR. Daneben die Worte: *»Slava trudu«* – »Ruhm der Arbeit«. Kein bisschen Farbe ist abgeplatzt, offenbar hat man sich Mühe gegeben, den Geist der damaligen Zeit aufrechtzuerhalten. Zwischen den Blöcken reihen sich unzählige Container. Manche sind halb begraben unter riesigen Schneewehen, die wie Felsrücken in das Stadtbild eingebettet sind. Passanten, die von Block zu Block laufen, klettern einfach darüber. Wie es wohl ist, hier dauerhaft zu leben?

Gern wäre ich noch ein Stück weitergefahren zu den Polarstationen im Lenadelta. Dumm nur, dass mein Permit abgelaufen ist, so kann ich mir keine Verlängerung mehr erlauben. Ich muss Tiksi verlassen – so schnell wie möglich. Bis weit in die Nacht hinein packe ich meine Sachen, mache mich fertig für den Rückflug. Morgen schon soll es einen geben, nach meinem Geschmack ein viel zu übereiltes Ende. Aber was will ich mich beklagen? Die Tour war ein voller Erfolg! Ich blicke zurück auf 43 intensive Tage und 1.777 erlebte Kilometer. Ich bin auf Eispisten bis an das gefrorene Polarmeer gefahren, durch ein Gebiet, das im Sommer vollkommen unzugänglich ist. Mit allen Sinnen habe ich Verrücktes, Faszinierendes und Bedrückendes erlebt. Ich spürte das Eis, das Abenteuer, die Einsamkeit und fühle mich ungemein bereichert. Genau das ist es, was ich wollte. Ich kann also zufrieden abschließen, das Ziel meiner Reise ist in jeder Hinsicht erreicht.

RÜCKFLUG

Das Flugticket zurück nach Jakutsk kaufe ich mir am nächsten Vormittag direkt an einer *Aviakassa* im Stadtzentrum. Dann bringt mich Aleksej zum Flughafen, der sich etwa sieben Kilometer nördlich in dem einst militärischen Stadtteil von Tiksi befindet. Wir sagen uns ein letztes Mal Ade, und er fährt wieder nach Haus. In der kleinen Wartehalle zerlege ich mein Fatbike und verpacke es flugfertig in den Sack, den ich nur dafür die ganze Zeit mit mir herumgeschleppt habe. Außer mir sind kaum Leute da. Am meisten Betrieb ist in einem kleinen

Büro direkt neben dem Haupteingang. Es ist die Grenzschutzabteilung des FSB. Ein paar der Uniformierten haben mir schon interessierte Blicke zugeworfen und den einen oder andere Kommentar von sich gegeben. Kein Argwohn, keine Kontrolle, sie lassen mich zum Glück in Ruhe. Doch dann kommt wohl ein *Natschalnik* hinzu, ein Vorgesetzter, und ich werde doch noch zu einer Überprüfung ins Büro geholt. Meine Marschroute wollen sie wissen, die Karten sehen, mit denen ich mich orientiert habe – sowjetische Militärkarten, die ich mir aus dem Internet runtergeladen habe – und natürlich auch den abgelaufenen *Propusk* und das Protokoll aus Batagaj. Alles wird kopiert, dann lässt man mich weiter mein Gepäck vorbereiten.

Plötzlich bekomme ich Besuch von einem jungen Kerl: Stepan. Er ist Seismologe, ein Kollege von Aleksej, der ihn angerufen und ihm erzählt hatte, dass da gerade einer mit dem Fatbike nach Tiksi gekommen ist. Stepan besitzt nämlich auch eins und ist damit schon in der Tundra unterwegs gewesen, sowohl im Winter als auch im Sommer. Klar, hier oben, wo es außerhalb der Stadt keine richtigen Wege mehr gibt, ergibt ein Bike mit breiten Reifen erst richtig Sinn. Trotzdem bin ich erstaunt, in Tiksi einen leidenschaftlichen Offroad-Radler zu treffen. Wir plaudern ein wenig und tauschen Kontaktdaten aus. Irgendwann will er auch mal die ganze Strecke bis zu den Polarstationen im Lenadelta fahren.

Dann habe ich wieder die Aufmerksamkeit der Grenzbehörden. Sie holen mich erneut ins Büro und legen mir ein Protokoll mit Belehrung vor die Nase. Stepan übersetzt einen Teil ins Englische. Es ist nur eine Verwarnung ohne Strafe, die ich nun unterschreiben soll. Bitteschön! Wenn es weiter nichts ist? Schließlich ist es so weit: Ich muss durch die Gepäckkontrolle und verabschiede mich von Stepan. *»Stschastlivogo puti!«* – eine gute Reise wünscht er mir! »Danke! Schick mir Bilder aus der Tundra, wenn du wieder eine Runde drehst.«

Dann steige ich in eine kleine Propellermaschine und überfliege in nur zwei Stunden das Gebiet, das ich in den vergangenen sechs Wochen mühsam durchkämpft habe. Auf dem Landweg wäre ich nicht mehr zurückgekommen, denn jetzt, Mitte April, beginnt es im Süden Jakutiens bereits zu tauen. Nicht mehr lange, und die Flüsse brechen auf, Sümpfe überfluten. Die Winterstraße, auf der ich nach Norden gefahren bin, ist an ihrem Anfang bereits geschlossen. Sie wird in den nächsten Wochen verschwinden, und im Sommer wird kaum noch etwas darauf hindeuten, dass sie existiert hat. Erst ab Dezember, wenn die Flüsse und Sümpfe und auch das Polarmeer erneut gefroren sind, ziehen die ersten Räumfahrzeuge wieder eine Schneise durch den Schnee, um die abgelegenen Dörfer des sibirischen Nordens an den Rest der Welt anzubinden.

Während des Fluges schaue ich fasziniert aus dem Fenster. Unter mir ziehen die verschneiten Bergketten des Werchojansker Gebirges dahin. Menschenleer ist es, ein riesiges Wildnisgebiet, das sich von der Kolyma-Trasse bis an die Laptewsee erstreckt. In Gedanken träume ich mich schon ins nächste Abenteuer. An Orte, die noch ferner, noch einsamer, noch unbekannter sind. Es gibt noch so vieles zu entdecken: Gebirge, Taiga, Tundra, Flüsse. Der sibirische Norden – er hat mich voll in seinen Bann gezogen! Auch wenn ich jetzt wieder nach Hause fliege, ein Teil von mir bleibt dort. Nur ein Jahr wird verstreichen, bis mich die Sehnsucht wieder packt und zurückkehren lässt. Dann nach Tschukotka, gleich gegenüber von Alaska. Mit Fahrrad und Schlauchboot. Im mückenverseuchten Sommer.

Aber das ist eine andere Geschichte ...

Nur eine Nacht verbringe ich in der Polarhafenstadt, ehe ich mit einer sowjetischen Propellermaschine zurück nach Jakutsk fliege.

DANKSAGUNG

Mein größter Dank geht an *Sven Riedel,* der mir nebst Daunenschlafsack etliche Ausrüstungsteile für den Wintereinsatz ausgeliehen hat, an *Kristof Schäfer* für die breiten Winterpedale und das lichtstarke Weitwinkelobjektiv und an *Jörg Schulze & Steffen Santen* der Berliner Zeltfirma *Wechsel Tents* für die Bereitstellung des Tunnelzeltes. Zu großem Dank verpflichtet fühle ich mich auch gegenüber meinen Unterstützern in Jakutsk – *Larisa Solov'eva, Michail Mestnikov* und *Zinaida Nikolaeva* –, die mir in vielen organisatorischen Belangen mit Rat und Tat zur Seite standen. Und natürlich danke ich all den herzlichen Seelen des Nordens, die mir unterwegs stets ihre Hilfe anboten, mich in ihr Heim oder ihre Fahrerkabine einluden, mir Wärme sowie zu essen und zu trinken gaben. Und denen, die mir Mut durch ihre bloße Anwesenheit machten, denn nur durch sie behielt ich die Zuversicht, wohlbehalten an mein Ziel zu gelangen …

ANHANG

[1] Michail Mestnikov (Tourfirma): *www.inyakutia.ru*

[2] Interview in Jakutsk (vor und nach der Reise): *yakutia.info/article/179214 & yakutia.info/article/179898*

[3] Andrej Finotschenko (Tourliste): *rctc.ru/finochenko.html*

[4] Begegnung mit Lada-Truppe auf der Delen'ja (LADA Like Kurzfilm): *www.youtube.com/watch?v=qX9ZQn1CMzk&t=601s*

[5] Hiromasa Andow (Ferner Osten 2005): *www.tim.hi-ho.ne.jp/andow/fareast/report/fareastenglishreport.html*

[6] Interview in Batagaj: *www.lonelytraveller.de/bilder/Artikel_Vesti-Verchojanja_2017-03-28_Station-Batagai.pdf*

[7] Pavel Konjuchov (Porträt mit Interview): *samarapedsovet.ru/sovetskaya/pavel-konyuhov-puteshestvennik-pavel-konyuhov-esli-hochesh-byt-schastlivym--/*
Buch zur Radreise 1994:
Павел Конюхов (2018): От Северного Ледовитого до Тихого океана
(nur auf Russisch erschienen, auf Deutsch: Pavel Konjuchov: Vom Arktischen zum Pazifischen Ozean)

[8] Begegnung mit Filmteam auf der Jana (360° GEO Reportage): *www.youtube.com/watch?v=S7VcirrE2xc&t=1145s*

[9] Aleksandr Elikov (Sibirische Arktis 2016): *www.drive2.ru/b/3039080/*

[10] Gleb Travin (gesammelte Belege): *poehali.net/forum/archive/novosti-i-obsuzhdenie-sajta/puteshestvie-gleba-travina-vokrug-sssr---novye-dokumenty/*
Buch über die Radreise 1928–1931:
Александр Харитановский (1965): Человек с железным оленем
nashkray.kiev.ua/boks/haritan.html
(nur auf Russisch erschienen, auf Deutsch: Aleksandr Charitanovskij: Der Mann mit dem eisernen Rentier)

Bibliografische Information der Deutschen Nationalbibliothek
Die Deutsche Nationalbibliothek verzeichnet diese Publikation in der Deutschen Nationalbibliografie; detaillierte bibliografische Daten sind im Internet über http://dnb.dnb.de abrufbar.

2. Auflage
ISBN 978-3-667-12223-0

Fotos & Text: Richard Löwenherz
Kartografie: Inch3, Bielefeld
Lektorat: René Stein, Stephanie Jaeschke, Petra Schomburg
Layout & Umschlaggestaltung: Felix Kempf, www.fx68.de
Lithografie: Mohn Media, Gütersloh
Druck: COULEURS Print & More, Köln
Printed in Slovenia 2022

Das Wegenetz auf den Karten geht auf die Recherchen des Autors zurück. Die Darstellung der Winterwege erfolgte nach bestem Wissen, aber ohne Gewähr.

Delius Klasing Verlag, Siekerwall 21, D-33602 Bielefeld
Tel.: 0521/559-0, Fax: 0521/559-115
E-Mail: info@delius-klasing.de
www.delius-klasing.de

Der Ausgleich der beim Druck dieses Buches entstandenen CO_2-Emissionen erfolgt über das Klimaschutzprojekt »Saubere Kochöfen« in Nyungwe, Ruanda. Mit dessen Hilfe werden effiziente Kochöfen aus lokalem Lehm und Sand eingeführt, der Holzverbrauch und die Rauchbelastung für die Bevölkerung reduziert und somit auch das einzigartige Ökosystem Ruandas geschützt. Das Klimaschutzprojekt »Saubere Kochöfen« hat den Projektstandard: Gold Standard VER (GS VER), leistet eine messbare CO_2-Reduktion und wird regelmäßig überprüft.